Kirsten Elsner-Schichor

111 Orte
in Karlsruhe,
die man gesehen
haben muss

Mit Fotografien von Rainer Bodemer

emons:

Bibliografische Information der Deutschen Nationalbibliothek
Die Deutsche Nationalbibliothek verzeichnet diese Publikation
in der Deutschen Nationalbibliografie; detaillierte bibliografische
Daten sind im Internet über http://dnb.d-nb.de abrufbar.

© Emons Verlag GmbH
Alle Rechte vorbehalten
© der Fotografien: Kirsten Elsner-Schichor und Rainer Bodemer,
außer Kapitel 75: Christiane Slawik
Gestaltung: Eva Kraskes, nach einem Konzept
von Lübbeke | Naumann | Thoben
Kartografie: Kirsten Elsner-Schichor
Kartenbasisinformationen aus Openstreetmap,
© OpenStreetMap-Mitwirkende, ODbL
Druck und Bindung: Grafisches Centrum Cuno, Calbe
Printed in Germany 2015
ISBN 978-3-95451-593-6
Originalausgabe

Unser Newsletter informiert Sie
regelmäßig über Neues von emons:
Kostenlos bestellen unter
www.emons-verlag.de

Vorwort

Karlsruhe macht es dem Besucher oder dem Neuanwohner nicht gerade leicht, die Stadt auf Anhieb ins Herz zu schließen. Es gibt keine kleinen, verwinkelten Gassen und keinen mittelalterlichen Stadtkern, der flanierend bewundert werden könnte. Karlsruhe hat wenig Verschnörkeltes und schon gar nichts »Niedliches«. Nein, die Stadt ist klar strukturiert, auf dem Reißbrett geplant und dadurch als Fächerstadt bekannt. Karlsruhe hat dennoch weit mehr als »111 Orte, die man gesehen haben muss«, zu bieten, man muss nur genau hinschauen und die Geschichten hinter den leicht verstaubten Beamten-Fassaden kennen. So manches Ziel hielt auch die ein oder andere amüsante Anekdote in der Hinterhand, da habe ich dann gerne »weitergebohrt«. Auch das Umland bietet tolle Möglichkeiten, deshalb sind einige stadtnahe Orte ebenso mit eingeflossen.

Mir wächst die Stadt immer mehr ans Herz, weil sie mit echter Lebensqualität punktet. Sie bietet eine strategisch günstige Lage im Autobahndreieck, und die Wege zu den vier umliegenden Flughäfen sind kurz. Man ist mit dem sehr gut ausgebauten Straßenbahnnetz, trotz der Kombilösung-Riesenbaustelle, schon jetzt auch ohne Auto sehr gut vernetzt. Karlsruhe ist von der Sonne verwöhnt und dank der blumenliebenden Markgrafen mit vielen Parkanlagen ausgestattet. Auch das macht die Stadt so absolut fahrradfreundlich. Es lässt sich ganz wunderbar leben zwischen Rhein und Nordschwarzwald mit Streuobst und Badegelegenheiten in jeder Himmelsrichtung. Mich begeistert vor allem die riesige kulturelle Vielfalt in diversen Veranstaltungsräumen. Im Bereich Kleinkunst ist Karlsruhe kaum zu toppen, und die »kreativen Clouds« nehmen in der Kultur- und Gastronomie-Szene genau wie in der Technologie-Region Karlsruhe weiter zu. Die noch junge Stadt wird erst 300 Jahre alt und ist im innerdeutschen Vergleich eher noch in der »Pubertät«, in der Selbstfindung. Das macht sie spannend. Viel Spaß beim Kennenlernen!

111 Orte

1 Das Affenplätzle

Einfach nur tierisch gut

Affenplätzle hört sich ja sehr nach Affenwald, frechen Pavianen und nach Menschen mit Futtertüten in der Hand an. Ist es aber nicht, auch wenn die hier tobenden Menschenkinder ebenfalls gern Futtertüten zum Naschen mit sich führen. Das Affenplätzle ist ein Naturspielraum, sprich ein moderner Waldspielplatz. Er wurde 2010 detailreich konzipiert und angelegt. Eine gelungene Ergänzung zum Tierpark Oberwald. Für Familien mit kleinen Kindern ein tolles Ausflugsziel und von der Stadtmitte durchaus noch in Fahrradnähe. Von Norden und Osten kommend, muss man die Schlupflöcher in den Oberwald allerdings kennen. Man kann ansonsten leicht am unüberwindbaren Autoverkehr und vor Zuggleisen scheitern. Da es zum Affenplätzle asphaltierte Wege durch den Wald gibt, können Roller und Inliner dorthin auch schon zum Einsatz kommen.

Der Spielplatz bietet eine Riesenschaukel, eine sogenannte Mikado-Mulde, ein Sandmeer mit großen Springsteinen, eine Rutsche und einen Burgberg mit Steinhaus. Die Spielplatzmöglichkeiten sind das eine, die einfach so rumliegenden Äste im Wald das andere. Tipi-Bau und eigene kreative Holzarrangements bieten sich geradezu an. Kinder haben hier auf jeden Fall ihren Spaß.

Und dann ist da ja noch der Tierpark. Selten ist ein solcher Park kostenfrei und doch so artenreich: Wisente, Gazellen, Elche, Gämsen. Entstanden ist er, weil aufgrund der Bundesgartenschau 1967 zahlreiche Tiere aus dem Zoologischen Garten hierher umziehen mussten. Es gab Platzprobleme. Gut für die zahlreichen Besucher und auch für so manch bedrohte Tierart Europas, denn hier kann sie erhalten werden. Am beeindruckendsten sind die Wisente, vor allem der mächtige Bulle. Füttern geht übrigens nicht, lieber alles selber essen, man ist eben nicht im Affenwald unterwegs! Die schönste Zeit, hierherzukommen, ist das Frühjahr. Der Wald ist noch licht, die Buschwindröschen blühen, und es riecht vielerorts nach frischem Bärlauch.

Adresse Wasserwerkstraße, 76137 Karlsruhe-Südstadt (von Norden aus über die Tangenten-
brücke, von Osten her durch die kleine Unterführung bei der »Spielvereinigung 1910 Durlach
Aue«) | **ÖPNV** Straßenbahn 3, 4, Haltestelle Tivoli | **Tipp** Gleich hinter der Tangenten-
brücke, Wasserwerkstraße 4, auf dem Weg zum Spielplatz und zum Tierpark, befindet sich
das Wasser- und Brunnenmuseum im Wasserwerk Durlacher Wald, dort erhält man
interessante Infos zur Trinkwasserversorgung, kann historische Exponate und Kunstwerke
zu Karlsruher Brunnen betrachten (Mi 15–17 Uhr).

2 Die Alb

Das Karlsruher Flüsschen vor dem Fluss

Karlsruhe liegt irgendwie auch am Rhein, gefühlt aber eher nicht. Man muss extra hinfahren, zum Rhein, er fließt an der Stadt vorbei, nicht hindurch. Mitten durch die Stadt fließt jedoch ein 51 Kilometer langes Flüsschen, das in der Nähe der Teufelsmühle auf etwa 745 Meter Höhe entspringt. Die Quelle liegt oberhalb von Bad Herrenalb und kann auf dem Quell-Erlebnispfad anschaulich erwandert werden.

Der Oberlauf des Schwarzwaldbachs fließt wildromantisch dahin und gurgelt um große Steine herum. Der Wanderweg führt an der Plotzsägmühle vorbei, einer Mühle mit ehemaligem Holzsägewerk. Hier bietet eine Gaststätte einfache Mahlzeiten zu kleinen Preisen in Räumen mit morbidem Charme an. Bachabwärts befindet sich dann sogar ein kleiner Wasserfall. Man passiert das Waldfreibad und die abenteuerverdächtige »Albtal-Arena« des Kurorts Bad Herrenalb, dann weitet sich das hübsche Albtal bis Ettlingen. Auf den satten Wiesen vertreten sich oft zahlreiche Islandpferde die Hufe. Ab Ettlingen verlässt die Alb den nördlichen Schwarzwald und fließt durch die Oberrheinische Tiefebene und dabei quer durch Karlsruhe.

Entlang der Alb zieht sich ein grüner Naherholungs-Gürtel. Das Flüsschen ist auch wichtige Frischluftschneise für die dicht besiedelte Stadt, die sich im Sommer nicht immer angenehm aufheizt. An den Ufern tummelt sich das freizeitaktive Volk der Stadt, und auf dem Albtalradweg rollen Kinderwagen, Laufräder, Fahrräder und Inliner. Hier joggen oder flanieren die Karlsruher. In Rüppurr bauen Kinder Stein-Staudämme im Bachbett und toben auf dem Abenteuerspielplatz. In der Günther-Klotz-Anlage sitzen Familien im Sommer gern am kleinen »Albstrand«, um sich die Füße zu kühlen. Dem Bach stellt sich dann das Wasserkraftwerk Appenmühle zur Energiegewinnung nebst Fischtreppe in den Weg. Danach macht die Alb die Biege, um durch die Raffinerie und um den Ölhafen herum in den Rhein zu münden.

Adresse südlich von 76332 Bad Herrenalb (Quelle) bis nördlich des Ölhafens in 76187 Karlsruhe-Maxau (Mündung) | **ÖPNV** Straßenbahn S 1, Haltestelle Bad Herrenalb, und Straßenbahn S 51, Haltestelle Maxau | **Tipp** Man kann Badesachen mitnehmen und sich entweder in der Alb knietief abkühlen oder eines der drei Freibäder entlang der Alb besuchen, das Waldfreibad Bad Herrenalb, Freibad Rüppurr und das Sonnenbad (www.stw-badherrenalb.de und www.ka-baeder.de).

3   Der Alte Flugplatz

Vom Militärgrün zum geschützten Steppengrün

Die amerikanischen Besatzer leisteten unwissentlich einen nicht unerheblichen Beitrag zur Schaffung des Naturschutzgebietes »Alter Flugplatz Karlsruhe«. Sie nutzten den Flugplatz militärisch zur Versorgung der hier ansässigen Militärbasis. Das Gelände war Sperrgebiet und konnte sich daher, abgesehen von einer überschaubaren Anzahl an Starts und Landungen der Militärmaschinen, weitestgehend ohne menschliche Einwirkungen zur Steppenlandschaft entwickeln. Eine seltene Bewuchsform in Europa, die 2010 als schützenswerte Fläche eingestuft wurde.

1993 wurde nach dem Abzug der amerikanischen Truppen der Flugplatz zur Gänze an die Stadt zurückgegeben. Natürlich war es verlockend, das Gelände zur Stadterweiterung zu nutzen. Aus städteplanerischer Sicht wäre das jedoch ein großer Fehler für die Durchlüftung und das Klima der Stadt gewesen. Eine Chance für die Karlsruher Steppe. 2001 wurde der Flugplatz durch ausgewiesene Kieswege für die Öffentlichkeit freigegeben. Die Stadt musste aber bereits 2003 als Ordnungshüter einschreiten, denn Müll, Hundehaufen und wildes Grillen nahmen überhand auf den verlockend weiten Wiesen. 2010 wurde der »Alte Flugplatz« tatsächlich Schutzgebiet und seine Bestimmung als ein erhaltenswertes Biotop damit gesichert. Beschränkungen und Auflagen für die Nutzung wurden eingeführt. Nutznießer sind Esel und Schafe, die als Weidetiere die Flächen extensiv nutzen und kurz halten dürfen.

Die große sandige Fläche entstand durch Sedimentablagerung des Rheins, als er noch ein ungezähmter Fluss war und nach jeder Flut die Lage seines Flussbetts änderte. Nur stark angepasste Pflanzen kommen mit den steppenähnlichen Bedingungen zurecht, was die Pflanzengemeinschaft so einzigartig macht. Infotafeln klären über das Schutzgebiet auf, und die biologische Bestandsaufnahme schreitet fort. Die Wiesen gelten als mager, der Besuch aber als ein sattes Naturerlebnis.

Adresse zwischen Nordwest- und Nordstadt, www.alter-flugplatz-karlsruhe.de | ÖPNV
Straßenbahn S1, S11, Haltestelle August-Bebel-Straße oder Kurt-Schumacher-Straße |
Tipp Ein modernes Lokal mit schönem Biergarten liegt nicht weit entfernt am nordöst-
lichen Rand des Alten Flugplatzes: das »fünf«, Kanalweg 52.

4 — Die Alte Schmiede

Maultaschen und Flädlesupp »badisch-symbadisch«

Hier greift der Werbespruch: »Wir können alles außer Hochdeutsch.« Es gibt mit Sicherheit wenige Lokale, die eine »uff badisch« geschriebene Speisekarte präsentieren und noch vor dem Menü die Geschichte vom »Karle mit de Dasch« auftischen. Markgraf Karl II. wird nachgesagt, er habe die Arbeiter beim Bau der Karlsburg aus seiner eigenen Tasche heraus bar bezahlt. Er hatte anscheinend auch die ein oder andere Lieblingssuppe – und schon befindet man sich in der Alten Schmiede bei den Vorspeise-Suppen wie zum Beispiel dem »Badischen Schnegge-Süpple«.

Die Geschichten der markgräflichen Familie von Baden-Durlach lenken den Gast historisch begleitet zunächst durch die Vorspeisen, wie das »Hallodri-Pfännle«. Auch die Hauptspeisen klingen verheißungsvoll badisch. Da gibt es das Rumpsteak mit »Franzose-Sößle«, die »Großherzogtum Baden-Platte«, die »Mauldäschle Friedrich Hecker« und natürlich den »Original Badischen Sauerbrode«, der nicht fehlen darf. Der begleitende Text der Speisekarte bietet noch so manche Anekdote zur »Dorlacher« Geschichte und lässt vor allem Gäste aus nördlichen Gefilden schmunzeln, um dann doch gnadenlos auf Hochdeutsch zu bestellen. Man wird trotzdem verstanden, was den einen oder anderen vielleicht noch zum süßen »Badischen Ofeschlupfer« verleitet. Ausgeschenkt wird unter anderem natürlich badischer Wein und ein spezielles Bügelflaschenbier, das Turmberg Bräu.

Die Alte Schmiede liegt in Durlachs Altstadt in einem denkmalgeschützten Haus, das 1977 grundlegend restauriert wurde. Seit 1985 ist Michael Goerner Inhaber des Lokals und galt damals mit seinen 18 Jahren als jüngster Wirt Deutschlands. Das Konzept »G'schmack mit Tradition« geht offensichtlich auf, schon seit 30 Jahren. Das Lokal »LetscheBacchus«, ein paar Straßen weiter, gehört auch zum seither stark erweiterten Unternehmen, widmet sich aber eher kleinen mediterranen Leckerbissen.

Adresse Ochsentorstraße 4, 76227 Karlsruhe-Durlach, www.alte-schmiede-durlach.de | **ÖPNV** Straßenbahn 1, 8, Haltestelle Schlossplatz | **Öffnungszeiten** täglich ab 17 Uhr, So und feiertags auch Mittagstisch von 11.30 – 15 Uhr | **Tipp** Ein Spaziergang durch Durlachs alte Gassen ist immer lohnenswert, vor allem wenn man am Basler-Tor-Turm beginnt. Es gibt aber auch die Möglichkeit, an spannenden Nachtwächterwanderungen zu historischen Durlacher Punkten teilzunehmen (www.durlacher.de).

5 Der Augustenberg

Vom Gutshof zum Technologiezentrum

Man vergleicht hier ganz sicher nicht Äpfel mit Birnen ... Auf dem Augustenberg wird ein Obstbau-, Lehr- und Versuchsbetrieb geführt und landwirtschaftliche Forschung betrieben. Obstbäume und Beeren, so weit das Auge reicht. Zur Erntezeit kann man auf diesem schön gelegenen Hügelplateau zwischen Durlach und Grötzingen viele verschiedene Obstsorten kaufen. Die Themen, die hier seit 2007 bearbeitet werden, umfassen die ganze Palette der pflanzenbaulichen Landwirtschaft nebst Wechselspiel mit den Bienen. Das landwirtschaftliche Technologiezentrum soll sich zukünftig vergrößern, und weitere Anstalts-Fusionen werden angestrebt. Neue Gewächshäuser entstehen. Der hübsche Sandsteinbau, Hauptsitz der Direktion und gleichzeitig Laborgebäude, wurde restauriert und steht wie die anderen historischen Gebäude unter Denkmalschutz.

Es ist ein schöner Obst-Einkaufs-Ausflug zum Augustenberg, denn das großzügige Areal des ehemaligen Gutshofs strahlt immer noch eine würdevolle Atmosphäre aus. Am Tag der offenen Tür verschaffen sich immer zahlreiche Besucher einen Einblick. Der Name Augustenberg geht auf die Markgräfin Augusta Maria (1649–1728) zurück. Sie bekam das damals noch bescheidene Anwesen zur Hochzeit von Markgraf Friedrich Magnus geschenkt. Aus dieser Ehe ging der spätere Stadtgründer Karlsruhes hervor. Die Markgräfin erweiterte das Anwesen von Schloss Augustenburg um umfassende Ländereien. Unter Großherzog Karl Friedrich bekam das Gut neue Strukturen im Sinne des »Musterländle« Baden, mehr Wein- und Obstanbau sowie einen Kastanienwald. Endgültig zum Vorzeigehof mit Mustergültigkeit wurde das Anwesen aber erst unter Markgraf Wilhelm, der sich nach napoleonischen Kriegseinsätzen ganz der Landwirtschaft verschrieb.

Ein Musterbetrieb ist er geblieben. Das Schloss hat allerdings eine neue Bestimmung. Es ist eine gepflegte Seniorenresidenz in historischen Mauern.

Adresse Neßlerstraße 23, 76227 Karlsruhe-Durlach, www.ltz-bw.de | **ÖPNV** Bus 22, Haltestelle LTZ Augustenberg | **Öffnungszeiten** Sept.–April Mo–Fr 10–12 Uhr, Mo–Do 15–17 Uhr, Fr 13–16 Uhr, Juni–Aug. Mo–Fr 11–12 Uhr, Mo–Do 15.30–16.30 Uhr, Fr 15–16 Uhr | **Tipp** Man sollte sich nicht den Blick zum Kirchturm der Grötzinger Kirche entgehen lassen. Er ist 48 Meter hoch, hat mehrfarbige Schindeln und ist an der Spitze ganz verwrungen, er wurde laut Sage vom Teufel verdreht, Kirchstraße 15.

6 Die Baischstraße

Ein fein abgestimmtes Jugendstilensemble

Wenn man in der Straßenbahn von Westen kommend so vor sich hin träumt und Richtung Europaplatz unterwegs ist, lässt man am Kaiserplatz den Blick gern auf die andere Straßenseite schweifen. Das große Torbogengebäude dort hat einen gewissen Burgcharakter, und unwillkürlich stellt sich die Frage, was sich dahinter wohl verbirgt.

Die Baischstraße sollte man gesehen haben, auch wenn sie sich etwas abseits der Innenstadt befindet. Hinter dem Torbogen liegt diese ehemalige Privatstraße, die auch heute noch eine Sackgasse und ein abgeschlossenes Wohnensemble bildet. Hermann Billing verewigte sich hier architektonisch und schuf ein Gesamtwerk, bei dem alle Details aufeinander abgestimmt waren und das wunderschöne Elemente des Jugendstils aufweist. Es mag für die Anwohner immer etwas störend sein, wenn man schauen möchte, »wie die anderen leben«, aber die Baischstraße ist nun mal ein Kulturdenkmal der besonderen Art und zugleich einzigartig. Man steht ja auch nicht gleich im Wohnzimmer der Anwohner oder drängt sich auf deren Chaiselongue, außer vielleicht am »Tag des offenen Denkmals«.

Die versetzt angelegte Villenkolonie steht auf einem ehemaligen Holzlagerplatz und entstand von 1900 bis 1903. Hermann Billing hat bei der Gestaltung dieses Straßenzuges den Künstler aus sich herausgeholt. Jedes Haus hat ganz eigene Details, Fenster, Türen, Treppenhäuser. Jedes sollte einmalig sein und sich zugleich ins Gesamtkonzept einfügen. Die Häuser waren einst mit aufwendiger Malerei verziert, und eine überlebensgroße goldene »Eva« posierte keck über dem Torbogen. Fein gearbeitete Zäune, Steinornamente mit Goldbemalung, kontrastreiche Fassaden und leuchtende Farben gaben den Ton an. Billing bestand darauf, dass nichts verändert werden dürfe an den Häusern, doch die Bomben des Zweiten Weltkrieges durchkreuzten seine Pläne. Das leider nicht völlig originalgetreu sanierte Straßenensemble ist dennoch sehenswert.

Adresse Baischstraße, 76133 Karlsruhe-Innenstadt-West | ÖPNV Straßenbahn 1–6, S 1, S 11, S 2, S 5, S 51, S 52, Haltestelle Europaplatz | Tipp Ein süßes Stückle aus der traditionsreichen Confiserie Endle, Kaiserstraße 241a, geht immer.

7 Der Ballermann1

Wer hat's erfunden?

Bei deutschen Ferienreisenden keimt nur ein Gedanke auf bei der Erwähnung des »Ballermanns«: angetrunkene Heerscharen grölender Vereinskumpels oder Kegelclubgrazien, die allesamt zu lange unter der Sonne Mallorcas gelitten haben. Dem Karlsruher Ureinwohner kommt dagegen der Gedanke an Currywurst in den Sinn, schön scharf und hier am Ballermann-Imbiss zu haben.

Ja, wie jetzt? Gibt es etwa zwei? Wer war zuerst da? Dürfen beide so heißen? Fragen, auf die es genau eine Antwort gibt: Der Karlsruher war bei Weitem zuerst da und darf nach einem gewonnenen Rechtsstreit um den Markennamen auch weiterhin »Ballermann1« heißen. Der Ballermann 6 ist sozusagen das »abgekupferte« Karlsruher Imbiss-Konzept und hat mit einer Ableitung vom Wort Balneario nichts zu tun. Aber der Reihe nach.

Bereits in den 60er Jahren war der von Karl Heinz Schmiedmeier eröffnete Imbiss ein Szene-Treffpunkt im Dörfle. Pate für den kultigen Namen stand eine Würstchen ballernde Werbe-Cowboy-Figur, die dem »Fuzzi« nachempfunden war, einem Film-Gegenspieler von Zorro. Das Publikum war einst bis in die frühen Morgenstunden eine Mischung aus Theaterbesuchern, Discogängern, Studenten, »leichten Mädchen« und damals noch in der Stadt stationierten GIs. Durch die Sanierung der Altstadt musste der Ballermann umziehen. Heute befindet er sich in Campus-Nähe, und die Studis und Schüler des Kant-Gymnasiums finden das prima. Die Kassenschlager sind noch immer die Currywürste in den Kategorien normal, scharf und explosiv. Schmiedmeier war früher ebenfalls in der Automatenbranche tätig und geschäftlich oft auf den Balearen unterwegs. Er erzählte dort von seinem Erfolgskonzept, Imbissbuden für Nachtschwärmer zu eröffnen, und wurde sehr erfolgreich vor allem mit dem Ballermann 6 kopiert. Das passierte weltweit. Er wird sich geärgert haben, sein Modell nicht selbst exportiert zu haben, aber er blieb zumindest die Nummer 1!

Adresse Englerstraße 14, 76131 Karlsruhe-Innenstadt-Ost, www.ballermann1–karlsruhe.de | **ÖPNV** Straßenbahn 1, 2, 4, 5, S 1, S 2, S 4, S 5, S 11, S 41, S 51, 5E, Haltestelle Kronenplatz | **Öffnungszeiten** Mo – Fr 10 – 17 Uhr | **Tipp** Die Öffnungszeiten sind nichts mehr für Wochenend-Nachtschwärmer, aber bei KSC-Heimspielen ist immer geöffnet. Ein anderer Stehimbiss in der Nähe: »Die Tasse mit Pfiff«, Waldhornstraße 31, hier gibt es jeden Tag drei verschiedene Suppen.

8 Der Botanische Garten

Ein Kleinod zum Luftholen inmitten der Stadt

Wer tagsüber mal so richtig die Nase voll hat vom Gewimmel der Stadt, von Vorlesungen, vom Job oder den Familienpflichten, also von akuter »Stress-Attacke« befallen ist, der kann in dieser Gartenoase das eigene Gemüt wieder neu ausrichten. Die meisten verlangsamen hier automatisch ihren Schritt. Es gibt viel Schönes fürs Auge entlang der Kieswege. Einige Spaziergänger knipsen völlig verzückt die bunten Blumenbeete und die exotischen Pflanzen und Bäume, andere versuchen mit Zeichenblock und Stift ihrerseits, die natürliche Vielfalt abzubilden.

Heinrich Hübsch, großherzoglicher Hofbaudirektor, und Carl Christian Gmelin, Botaniker, schufen hier in der Mitte des 19. Jahrhunderts tatsächlich ein malerisches Ensemble aus Architektur und Landschaftsgärtnerei. Die Orangerie grenzt den Botanischen Garten zur Stadtmitte hin ab und überragt den Park mit ihrer imposanten grünlichen Kuppel. Sie ist eine Dependance der Staatlichen Kunsthalle. Das originale gewölbte Glasdach wurde leider bei Bombenangriffen im Zweiten Weltkrieg zerstört. An die Orangerie schließt sich ein großer Gewächshausbau an, den man besichtigen kann. Hat man sich an die feuchtwarme Luft gewöhnt, kann man hier Kakteen, Sukkulenten, Palmen und Vögel betrachten. Viele sitzen aber auch einfach nur gern auf einer der Bänke am Brunnen, lauschen dem sanften Geplätscher und wagen nach gegessener Mittagspausenstulle ein Nickerchen. Das kann man hier auch getrost wagen, denn man wird en passant gut bewacht von der patrouillierenden Polizei, die ihre Kontrollgänge um das Bundesverfassungsgericht macht. Auch ein Kaffee im ehemaligen Wintergarten ist unter der mit Kiwis berankten gusseisernen Pergolakonstruktion ein Genuss.

Danach kann man durch den Torbau wieder hinausschreiten und … trifft auf von Zeit getriebene Radler im Schlosspark. Ach, war das doch gerade schön entschleunigt.

Adresse Hans-Thoma-Straße 6, 76133 Karlsruhe-Innenstadt-West, www.botanischer-garten-karlsruhe.de | **ÖPNV** Straßenbahn 1, 4, 5, S 1, S 2, S 5, S 11, S 51, Haltestelle Europaplatz oder Herrenstraße | **Öffnungszeiten** Freigelände: 6 Uhr bis es dunkel wird | **Tipp** Wer seinen Kindern eine Freude machen möchte, der dreht nebenan eine Runde mit der Schlossgartenbahn durch den Schlosspark oder folgt dem blauen Fliesenstrahl noch zu einem Besuch in der Majolika.

9 — Der Buback-Gedenkstein

RAF-Terror, der Beginn des »deutschen Herbstes«

Traurige Schlagzeile: Am 7. April 1977, kurz vor Ostern, wurden Generalbundesanwalt Siegfried Buback sowie seine beiden Beglei-ter Wolfgang Göbel und Georg Wurster auf der Fahrt von seinem Neureuter Heim zum Bundesgerichtshof von RAF-Terroristen an der Ecke Willy-Brandt-Allee / Moltkestraße von einem Motorrad aus erschossen – so weit die Fakten. Der Gedenkstein erinnert an diese blutige Tat, zu der sich das »Kommando Ulrike Meinhof«, be-stehend aus Christian Klar, Brigitte Mohnhaupt, Günter Sonnenberg und Knut Folkerts, bekannte.

1977 gilt ohnehin als das Jahr des Terrors in Deutschland, das in den Anschlägen des sogenannten »deutschen Herbstes« münde-te: Die Ermordungen von Ponto und Schleyer, die Kaperung der »Landshut« und Selbstmorde von RAF-Mitgliedern in der JVA Stuttgart-Stammheim folgten. Karlsruhe war damals nicht nur eine Stadt, in der »RAF-Zielpersonen« aus Justiz, Wirtschaft und Mili-tär wohnten. Die Stadt war zeitweise Wohnort einiger Terroristen. Christian Klar machte in Ettlingen sein Abitur, studierte anfänglich in Heidelberg und zog 1973 mit Adelheid Schulz und Günter Son-nenberg in eine Wohngemeinschaft in der Karlsruher Südstadt, in die später auch Knut Folkerts einzog. Allesamt spätere Mitglieder der RAF. Der Terror war buchstäblich auch in Karlsruhe zu Hause. Noch im August 1977 erfolgte hier ein weiterer, aber missglückter Anschlag. Er galt der Bundesanwaltschaft und sollte durch Raketen-beschuss aus dem gegenüberliegenden Haus erfolgen. Die Sicher-heitsmaßnahmen rund um das Bundesverfassungsgericht und den Bundesgerichtshof wurden seither kontinuierlich verstärkt, und der Neubau der Bundesanwaltschaft, dem Sitz des Generalbundesan-walts, gleicht einer kleinen Festungsanlage.

Siegfried Buback erhielt 2012 eine späte Ehrung: Im Stadtteil Neureut / Kirchfeld, in dem er mit seiner Familie wohnte, wurde der Siegfried-Buback-Platz eingeweiht.

Adresse Ecke Willy-Brandt-Allee / Moltkestraße, 76133 Karlsruhe-Innenstadt-West |
ÖPNV Straßenbahn 1, 4, 5, S 1, S 2, S 5, S 11, S 51, Haltestelle Europaplatz oder Herren-
straße | **Tipp** Wer neben dieser urbanen Gedenkstätte noch etwas spazieren gehen möchte,
der kann sich im Umfeld des gut bewachten Bundesverfassungsgerichts noch ein wenig die
Beine im Park vertreten.

10 Das Café Rih

Jugendstil-Café im Künstlerhaus

Der Name »Rih« sieht zunächst nach Schreibfehler aus, als sollte es eigentlich »Reh« heißen. Andere können sich wiederum noch an ein gewisses Pferd aus Karl-May-Lesetagen erinnern. Dort hieß das Pferd von Kara Ben Nemsi nämlich »Rih«. Im Arabischen bedeutet dieses Wort »Wind«. Der Gedanke, der sich hier hinter der Namensgebung verbirgt, ist aber wohl ein ganz anderer: Um 1910 gründete sich eine Künstlergruppe »Rih«, die Pate stand für den ungewöhnlichen Café-Namen.

Überhaupt ist das Café stark mit der Kunst verwoben, befindet es sich doch in ehemaligen Räumen des Badischen Kunstvereins. Dieser bereits 1818 gegründete, drittälteste Kunstverein Deutschlands kam zunächst in einem ehemaligen Kadettenhaus in der Waldstraße 3 unter. Das Haus wurde abgerissen und das neue Domizil nach den Plänen des Architekturwettbewerb-Gewinners Friedrich Ratzel erbaut. Großherzog Friedrich I. war damaliger »Schirmherr« und weihte im Jahr 1900 das neue Gebäude mit den wunderschönen Jugendstilelementen ein. Ein bleibender Ort der bildenden Kunst. Das Gebäude wurde später umgebaut und auch saniert. Dem Kunstverein stehen hier mittlerweile auf drei Etagen etwa 1.000 Quadratmeter Schauräume zur Verfügung, die für zeitgenössische bildende Kunst genutzt werden.

Das Café Rih wurde ein bisschen im 1950er-Jahre-Stil, mit einem Thekenschiff, einem Sternenhimmel und einer Holz-Skulptur (»die Chefin«) von Peter Burger als Blickfang eingerichtet. Es hat eine moderne Schlichtheit, ist aber durch die dreigeteilte Raumwirkung, die lange Wand-Lederbank und die Sofaecke sehr gemütlich. Frühstück, Mittagstisch, die lecker gefüllte Kuchenvitrine und die Abendbar locken unterschiedlichstes Publikum ins Café: Kunstinteressierte aus der nahen Kunsthalle oder dem Kunstverein genauso wie Familien, Richter oder Studenten. Aber alle sind irgendwie ein bisschen »arty«. Das passt.

Adresse Waldstraße 3, 76133 Karlsruhe-Innenstadt-West, www.caferih.de | **ÖPNV** Straßenbahn 1, 4, 5, S 1, S 2, S 5, S 51, S 11, Haltestelle Herrenstraße | **Tipp** Am Sonntagabend kann man sich gleich um die Ecke, Kaiserpassage 6, im Kurbel-Kino den aktuellen »Tatort« auf großer Kinoleinwand zum Nulltarif anschauen.

11 Der Campus Nord des KIT

Hier gab's den Schnellen Brüter mitten im Wald

Dort, wo einst der Markgraf zur Jagd ausritt, wurde im späten 20. Jahrhundert etwas »ausgebrütet« und ausgetestet. Das Kernforschungszentrum Karlsruhe zwischen den hohen Bäumen bildete dabei eine merkwürdige Kulisse. Man radelte so vor sich hin durch den Hardtwald, und dann streifte man plötzlich ein hoch eingezäuntes und sicherheitstechnisch stark abgeschirmtes Areal. Man dachte damals als Radler: Nur nicht auffallen mitten im Wald und womöglich der Spionage verdächtigt werden. Die Atmosphäre war etwas unangenehm, und man war froh, wenn man wieder im Wald dahinter verschwinden konnte.

Es wurde hier lediglich geforscht. Das Objekt der Forschung war aber heikel. Der Umgang damit erforderte höchste Sicherheit, war militärisch brisant und politisch sehr umstritten. Man hielt sich lieber bedeckt. Es ging zwischen 1962 und 1991 um nichts Geringeres als um Forschungsreaktoren direkt im Vorgarten von Karlsruhe. Hier ging der erste in Deutschland realisierte Reaktor in Betrieb. Hier wurde der Prototyp des »Schnellen Brüters« entwickelt und getestet, außerdem bestand dadurch der Bedarf einer Wiederaufbereitungsanlage in Karlsruhe. Der politische Wind drehte sich jedoch, und die Fragen zur Energiegewinnung folgten anderen Maßstäben. Man konzentrierte sich zunehmend auf Umwelttechnik und auf physikalische Grundlagenforschung. Ende der 1990er Jahre wurden die atomaren Anlagen endgültig abgeschaltet und »abgewickelt«. 1995 wurde folgerichtig die Umbenennung in »Forschungszentrum Karlsruhe – Technik und Umwelt« vorgenommen, seit 2002 ist es das »Forschungszentrum in der Helmholtz-Gemeinschaft«.

Die heutigen Forschungen sind weitaus publikumsverträglicher und brauchen keine »Deckung« im Wald zu suchen. Sie sind unter dem virtuellen Dach des KIT angesiedelt. Auch das Radeln durch den Hardtwald ist seither wieder ungetrübt. Kurzum: ein Stück jüngste Geschichte im Energiezeitalter mit positivem Ausblick in die Waldesruh.

Adresse Hermann-von-Helmholtz-Platz 1, 76344 Eggenstein-Leopoldshafen, www.kit.edu | **ÖPNV** Straßenbahn S1, S11, Haltestelle KIT-Campus Nord Bf | **Tipp** Man hat zum Campus Nord nur Zutritt mit einem speziellen Ausweis, man kann also immer noch nur daran vorbeiradeln. Eine große Rad-Rundtour führt durch den Hardtwald, am KIT vorbei, zur Rheinfähre nach Leopoldshafen/Leimersheim, am Rhein entlang nach Maxau und an der Alb zurück in die Stadt.

12__Der Colani-Brunnen

Kleine Spur eines großen Namens

Beim klangvollen Namen Luigi Colani fallen einem Designkenner große runde Formen, auffällige Autokarossen oder zumindest weite, schwingende Linien ein. Colanis Projekte sind immer futuristisch konzipiert, oft umstritten und manchmal einfach nur schöne Designflops. Ganz im Gegensatz dazu ist der Colani-Brunnen in Karlsruhe eher klein und zurückhaltend. Er versteckt sich geradezu auf dem weitläufigen Gelände des Stadtgartens und ist das einzige derzeit präsente Werk des Wahl-Karlsruhers mit dem großen internationalen Designruhm. Dies verwundert vor allem im Hinblick auf seine gestalterische Vielseitigkeit.

Colani hat Autos, Flugzeuge, Brillen, Küchen, Möbel, Teppiche und vieles mehr gestaltet und fiel immer durch aero- und biodynamische Formen auf. Der 1928 geborene Berliner ist ein Futurist mit Liebe zu Rundungen, aber ein Designer mit Ecken und Kanten. Sein Lebenswerk war von 2004 bis 2007 in der Karlsruher Nancyhalle ausgestellt. Danach wurde dem Förderverein und Ausstellungsmacher gekündigt, da die Halle – selbst ein Kulturdenkmal – wegen Baufälligkeit und zu hoher Betriebskosten für die Stadt nicht mehr tragbar war.

Der Colani-Brunnen ist also in Karlsruhe das vorerst letzte »Überbleibsel« des stets weiß gekleideten, weltweit Design schaffenden Mannes. Natürlich ist auch dieses Objekt weitestgehend rund gestaltet. Der Trinkbrunnen wurde anlässlich der 50-jährigen Städtepartnerschaft zwischen Nancy und Karlsruhe aufgestellt. Zwei Hände winden sich wie aufsteigendes Wasser um die von ihnen gehaltene wasserspendende Erdkugel. Ein steter Quell also. Man darf gespannt sein, was in seinem Designstudio als Vermächtnis noch entstehen wird. Seit den 90er Jahren arbeitet er an einem Großprojekt auf einer chinesischen Insel. Hier soll eine umweltfreundliche Eco-City in Form eines auf dem Rücken liegenden Menschen entstehen. Klingt abgehoben und phantastisch, Colani eben.

Adresse nördlicher Zoologischer Stadtgarten, Ettlinger Straße 6, 76137 Karlsruhe-Südweststadt | **ÖPNV** Straßenbahn 2, S 1, S 4, S 11, S 41, Haltestelle Werderstraße | **Öffnungszeiten** 9–16 Uhr (Winter), 8–18 Uhr (Sommer) | **Tipp** Wer wie Colani schnittiges Auto-Design mag, kann zumindest die Kleinen in klassischen Sportwagen im Zoo auf der »Kinderautobahn« fahren lassen (www.karlsruhe.de, www.colani.de).

13 Die Dammerstock-Siedlung

»Die Gebrauchswohnung« von Walter Gropius

Architekten bekommen diesen anerkennenden Gesichtsausdruck, wenn man über die Dammerstock-Siedlung spricht. Karlsruher Nicht-Architekten zucken da meist eher unwissend mit den Schultern. »Was, diese enge und schlichte Siedlung ist ein Kulturdenkmal?« Ein ganz klares JA, denn gerade diese erschwingliche, schlichte Zweckmäßigkeit war damals das Revolutionäre und wahrlich Moderne.

In Karlsruhe herrschte in den 1920er Jahren große Wohnungsnot, und der Stadtrat beschloss deshalb die Erschließung des Dammerstocks. Die Stadt brauchte unbedingt zahlreiche kleine und vor allem bezahlbare Wohnungen. 1928 wurde ein Architekturwettbewerb ausgeschrieben, den der Bauhausgründer Walter Gropius gewann. Er übernahm die Planungsleitung. Die meisten Preisträger wurden ebenfalls am Bau beteiligt – heute kaum denkbar. Das Konzept sah eine Reihenhaussiedlung mit Geschosswohnungsbauten in strengen Nord-Süd-Linien vor, fast ohne Straßen, nur mit Wohnwegen, Distanzgrün für Sonne und Licht sowie kleinen Gärten. Die Ausstellung 1929 zum Gesamtbauvorhaben »Dammerstock-Siedlung, die Gebrauchswohnung« zeigte zweckmäßig gestaltete Kleinwohnungen mit klaren Linien. Die grafische Präsentation übernahm der Typograf und Künstler Kurt Schwitters, was den radikal modernen Entwurf perfekt unterstrich, ein erstes »Brand-Design«.

Wie so oft in der Geschichte der modernen Architektur begeisterte der Bebauungsplan bei Weitem nicht alle Karlsruher. Man nannte den Dammerstock auch spöttisch »Jammerstock«. Reihenhäuser mit einheitlichen Fenstern und Türen, mit Flachdächern, weißer, schnörkelloser Fassade, ohne Keller … Zu jener Zeit gewöhnungsbedürftig und sehr avantgardistisch. Die Wohnungen bieten auch heute noch nicht viel Platz, auf wuchtige Möbel muss man verzichten. Dafür wohnt man stadtnah, grün und in einem Kulturdenkmal.

Adresse Nürnberger Straße, 76199 Karlsruhe-Weiherfeld-Dammerstock | **ÖPNV**
Straßenbahn S 1, S 11, Haltestelle Dammerstock | **Tipp** Nach architektonischem
Rundgang durch die Siedlung kann man am Eck, im Restaurant »erasmus«, noch
wunderbares Slow Food in einem von Walter Gropius entworfenen Gebäude zu sich
nehmen (www.erasmus-karlsruhe.de).

14_ Das Dörfle

Kernsaniertes erstes Arbeiter- und Armenviertel

Heute gehört das Dörfle zur Innenstadt. Anfangs lag es allerdings noch vor den Toren Karlsruhes. Hinter Toren liegt mittlerweile etwas anderes, zumindest hinter Sichtsperren. Das neue »Entengässle«, die Brunnenstraße, wird auf diese Weise etwas vom Wohngebiet abgegrenzt, denn dort befindet sich ein kleines Rotlichtrevier mit gewerbsmäßiger Prostitution.

Das älteste Gewerbe der Welt hat im Dörfle eine lange Tradition, die Bewohner gehörten zu den sozial Schwachen, und es herrschte Armut in den einfachen Hütten und Baracken des Dorfes. Die Bebauung erfolgte völlig ohne Planung, eher wie in heutigen Slums, mit schlechten sanitären Anlagen und oft ohne fließend Wasser. Ganz im Gegensatz zur genau geplanten neuen Residenzstadt mit ihren Musterhäusern. Doch die Stadt brauchte die günstigen Arbeitskräfte, und da auch Handwerksbetriebe die Niedriglöhne für sich gewinnmaximierend nutzten, entstanden in den dortigen Hinterhöfen und Lücken kleine Betriebe. So bildete sich ein verwinkeltes Wohngebiet, das sogenannte »Klein-Karlsruhe«. Ab 1781 versuchte man hier etwas mehr Organisation walten zu lassen, die Dörfler konnten sich als »anständige Bürger« bei der Stadt Karlsruhe einkaufen. Die Armen blieben dabei weiterhin außen vor. Karlsruhe wuchs dann sehr schnell weiter, und 1812 wurde das Dörfle doch zur Gänze eingemeindet. Das brachte weiterhin keine Besserung der schlechten Wohnverhältnisse. Nach dem Zweiten Weltkrieg schlug dann die Flächensanierungs-Keule zu: Wohnblocks im 60er- und 70er-Jahre-Stil, Bausünden vergangener Tage. Ganze Straßenzüge mussten weichen, so auch die alte Prostituierten-Flaniermeile, die Entengasse.

Im heute noch erhaltenen Altstadtbezirk gibt es aber zum Glück auch sehr ansprechend sanierte Häuser, der alte Charakter mit vielen Kneipen und Kleingewerbe konnte »Am Künstlerhaus« oder am Fasanenplatz erhalten werden.

Adresse Am Künstlerhaus, 76131 Karlsruhe-Innenstadt-Ost | **ÖPNV** Straßenbahn 1, 2, 4, S 2, S 4, S 5, S 41, 5E, Haltestelle Durlacher Tor | **Tipp** Hier muss man einfach nur etwas schlendern, zur Einkehr locken diverse Lokale mit schönen Innen- und Außenbereichen, ganz nach persönlichem Gusto.

15 Die Eismarie

Traditionsreiches Eisbüdchen

Von Weitem betrachtet, wäre es nicht besonders verwunderlich, wenn man an diesem bunten »Büdchen« auch fettige Pommes mit Ketchup und Mayo oder Currywürste bekäme. Der Geruch würde natürlich nicht harmonieren mit den Gelüsten der Leute, die sich hier anstellen. Alle wollen »Eisbolle« kaufen, und die Wahl der Sorte ist jedes Mal aufs Neue eine Qual bei so vielen leckeren Geschmacksrichtungen. Sie sind alle hausgemacht. Vanille, Stracciatella und Schokolade wurden sogar schon prämiert.

Die »Eismarie« ist der älteste Eishersteller der Region und hat das stolze Alter von 85 Jahren bereits hinter sich gelassen. Die familiengeführte Eistradition wird jetzt schon in dritter Generation betrieben. Den Anfang machte die Oma frühzeitig in den 20er Jahren. Sie zog damals schon einen Eiswagen hinter sich her und verkaufte leckeres Speiseeis auf der Straße. Schnell hatte sie ihren Spitznamen »Eismarie« in Grötzingen weg. Sie machte aus ihrem Namen Programm und eröffnete am 1. Mai 1925 ihr eigenes Geschäft. Die historische Eismaschine von der Oma existiert noch, und auch den restaurierten Eiswagen kann man buchen. Er gehört zum festen Serviceprogramm. Man kann auch »Bomben« und Torten aus Eis je nach Wunsch bestellen und seine Familien- oder Firmenfeiern mit Leckereien bereichern. Die meisten belohnen sich aber einfach am Eisstand mit ihren Lieblingssorten auf die Hand, als Verwöhnvariante gibt es die mit Sahnehaube. Die Sitzgelegenheiten sind bei Sonnenschein immer belagert, und schon so mancher Karlsruher Bub hat hier bestimmt zum ersten Mal seine Freundin zum Eis eingeladen.

Es gibt natürlich noch viele andere gute Eisdielen in Karlsruhe, und der Geschmack des Einzelnen ist subjektiv. Bei der »Eismarie« schleckt man jedoch zusätzlich noch die lange Tradition mit. Am Ende hat die eigene Oma hier auch schon in der Schlange gestanden, das hat was …

Adresse Martin-Luther-Straße 12, 76229 Karlsruhe-Grotzingen, www.eismarie.de |
ÖPNV Straßenbahn S 4, S 5, Haltestelle Grötzingen Bahnhof | **Öffnungszeiten**
täglich 12–21 Uhr | **Tipp** Im Oktober kann man hier bei Familie Scheidt übrigens
original Filderkraut beziehen, Näheres zu Eis, Torten und Kraut kann man unter
Tel. 0721/481206 erfragen.

16 __ Energie und Farbe
Die Regale und das Leben nach Farben sortiert

Das Ambiente ist alles andere als farblos. Auf ungezügelt buntes Treiben trifft man hier aber nicht. Stattdessen erlebt man im Laden von Manuela Seith eine wohlsortierte Farbigkeit. Ganz verschiedene Produkte von Kosmetik über Tees, Macarons, Schmuck, Düfte bis hin zu Klangobjekten sind nach dem Farbfächer in die Regalboxen sortiert. Es gibt wirklich für alle Sinne etwas zu entdecken, etwas zu sehen, zu riechen, zu schmecken, zu fühlen und zu hören. Mal ein ganz anderes Ordnungsprinzip. Der Kunde wird von seinen persönlichen Lieblingsfarben geleitet. Es macht Spaß, sich umzuschauen.

Umschauen wollte sich auch Manuela Seith, als ihr einstiger Job in der IT-Branche durch drohende Standortauflösung unsicher wurde und auch prinzipiell ein Wendepunkt anstand. Aus der Liebe zu Farben entwickelte sich zum einen der Beratungsbereich in der Farbtherapie und zum anderen der Laden für alle Sinne. In der Farbtherapie können die individuell aus einer großen Palette von Farbfläschchen gewählten persönlichen Schwerpunktfarben analysiert werden. Auch das jeweilige Zusammenspiel der Farben wird beachtet. Das soll neue Impulse setzen und wieder Nähe zu den eigenen Zielen und Werten schaffen. Farben machen in gewisser Weise Leute. Die Farbtherapie durch Manuela Seith bietet eine Chance, sich in allen Facetten kennenzulernen. Außerdem bleibt ebenso Raum für Wellness und zum Neue-Energie-Tanken.

Im Laden blühen viele Besucher schon allein durch die Farbpracht der Objekte auf. Geradezu ein Lichtflash am helllichten Tag! Kreatives und auch Mode gehören zum Warenkorb. Kunsthandwerker können zudem in Mietboxen Produkte präsentieren und feilbieten. Dieses Verkaufsprinzip hat sich etabliert, weil die Läden auf diese Weise immer neue kreative und handgemachte Kuriositäten aus der Region anbieten können. »Mietboxing« sozusagen. Beanies, Broschen, Bonbons und Badesalz … da kommt farbige Freude auf.

Adresse Uhlandstraße 30, 76135 Karlsruhe-Weststadt, www.energie-und-farbe.com | **ÖPNV** 1, 2, 6, S 1, S 2, S 5, S 11, S 52, Haltestelle Yorkstraße | **Öffnungszeiten** Di, Do, Fr 10–18 Uhr, Sa 10–14 Uhr | **Tipp** Ein Besuch in diesem schönen Laden kann wunderbar kombiniert werden mit einem Einkauf an Markttagen auf dem Gutenbergplatz, immer Di, Do und Sa ab 7.30 Uhr.

17 — Der Epplesee

Der Kite- und Surf-Hotspot im Raum Karlsruhe

Wenn es in Karlsruhe heißt: »Pack die Badehose ein, nimm dein kleines Schwesterlein ...«, dann steht man vor einer schwierigen Entscheidung ob der diversen Auswahlmöglichkeiten. Nicht nur Schwimmbäder gibt es in der ganzen Stadt verteilt, auch Baggerseen findet man in jeder Himmelsrichtung. Einer davon ist der Epplesee, und er ist noch dazu sehr beliebt.

Mit etwa 35 Hektar ist der See recht groß und bietet durch seine Lage oft optimale Windverhältnisse. Der »Epple« ist für Aktive mit Wassersport-Affinität »the place to be«. Buntes Treiben in nach hinten gelehnter Körperhaltung, mit den Händen am Surfsegel oder am Kiteschirm ... Wenn die Sonne allerdings bei Windstille vom Himmel sticht, dann brutzelt der Karlsruher eben auf der Liegewiese. Am Ostufer wird hauptsächlich in Textilien gebadet, im Norden gemischt, das Westufer ist reines FKK-Gebiet. Um nicht als verbrannte Rothaut wieder nach Hause zu kommen, empfiehlt sich ein Sonnenschirm an diesem relativ schattenlosen Gewässer. Ansonsten ist alles da, Imbisswagen, Toilettenwagen, Mülleimer, Parkplätze. Parken kostet, dafür sieht der See trotz abendlichen Gelagen am nächsten Tag auch wieder badetauglich aus. Eine vorsorgliche Partybremse ist das Parkverbot von 22 Uhr bis 6 Uhr.

Der Name des Sees stammt von einer Firma, die hier schon seit den 1920er Jahren Kiesabbau betreibt. Auch heute noch holt ein Saugbagger Sand und Kies aus der bei Tauchern beliebten Tiefe. Es funktioniert meistens eine friedliche Koexistenz zwischen Kiesabbau-Betrieben und Badegästen. Die Wasserqualität wird vom Gesundheitsamt regelmäßig geprüft, und an Sonn- und Feiertagen wacht die DLRG über das Badegeschehen.

An heißen Tagen wirkt der See mit seinem schmalen Strand und der großen Liegewiese wie ein turbulentes Ferienziel. Man muss die Massen von Sonnenhungrigen schon mögen ... die einen sagen so, die anderen so ...

Adresse Epplesee, 76287 Rheinstetten-Forchheim | **ÖPNV** Straßenbahn S 4, S 41, Haltestelle Forchheim | **Tipp** In Forchheim-Silberstreifen kann man nach dem Sonnen-bad am See noch im Jäger Biergarten im Kutschenweg 8 zünftig ein Radler trinken (www.jaeger-biergarten.de).

18 espresso stazione
»Ökofairer« Kaffee in und aus Karlsruhe

Ja, lässig! Sitzkissen auf der Fensterbank, gestreifte Markise zum Ausklappen, ein schönes Ladenschaufenster, eine hohe und schlanke Eingangstür. Ein rundum charmantes Lädle, genauer gesagt eine Café-Bar nach italienischen Vorbildern. Keine großen Lounge-Lümmel-Ecken für Kaffee en masse. Nein, klein und fein auf 20 Quadratmetern genießt man hier, und der Kaffee wird im Stehen am Tresen, an den Stehtischchen oder auf der Fensterbank getrunken. Hier geht die Arbeit des Barista mit dem Kaffee »made in Karlsruhe« eine galante Allianz ein – »sympatico«.

Die Baristas sind Profis. Der Kaffee wird beispielsweise gekonnt von Renato mit venezianischem Zungenschlag und immer mit sympathischem Augenzwinkern serviert. Der Chef ist allerdings der Hammer, Gerald Hammer. Seit 2003 betreibt der diplomierte Geoökologe die Bar, wobei alles mit einem Dreirad begann. Einem kleinen, roten italienischen Flitzer auf drei Rädern und mit Espresso, der in alter Hebeltechnik gebrüht wird. Fast jeden Samstag steht das »espresso mobile« zur Marktzeit auf dem Gutenbergplatz. Es kann auch gemietet werden für private Anlässe. Die Nachfrage verlangte nach einer dauerhaften Stazione. So wurde der hübsche Laden im »Quartier Lidell« bezogen, der Meile rund um den Lidellplatz.

Durch seinen vorherigen beruflichen Werdegang angespornt, entwickelte sich Gerald Hammer vom Barista weiter zum Kaffeeröster. Der servierte Kaffee in der Bar sollte ab sofort bio und bezahlbar geröstet sein. Nicht leicht zu finden. Was bleibt? Selber machen! »Espresso tostino« heißen jetzt der eigene Kaffee und die Rösterei im Alten Schlachthof. Eine Kleinrösterei zum Über-die-Schulter-Schauen, zum Kaffeetrinken und Kaffeekaufen. Es werden ganz konsequent nur biologisch angebaute Kaffeebohnen geröstet. Dafür gehen einzelne Rohkaffeesäcke extra aus ausgewählten Anbauregionen nach Karlsruhe auf die Reise. Schmeckt »molto bene«!

Adresse Kreuzstraße 17, 76133 Karlsruhe-Innenstadt-Ost, www.espresso-stazione.de |
ÖPNV Straßenbahn 1, 4, 5, S 1, S 2, S 5, S 11, S 51, Haltestelle Marktplatz | **Öffnungs-**
zeiten Mo–Do 8–18 Uhr, Fr 8–19 Uhr, Sa 11–17 Uhr | **Tipp** Ein schnelles Zu-Fuß-
Schlupfloch gen Südstadt ohne viel Verkehr ist die Unterführung am südlichen Ende
der Kreuzstraße, die ideale Verbindungslinie zu Theater und Schauburg-Kino.

19 Die Europa-Skulptur

Eine Karlsruher Meile ganz im Zeichen Europas

Sie hält auf merkwürdige Weise die Balance auf ihrer goldenen Kugel. Kopfstand, die Arme ausgebreitet, die Beine wie zum Lotussitz in Position gebracht, mit einem Gnom obendrauf. Die Skulptur »turnt« sehr gewagt am Rande des Sportlereingangs der Europahalle, mit weiteren Kugeln als Halterungsfußfesseln. Die »Europa« von Jürgen Goertz und das Gebäude stehen an dieser Stelle auf jeden Fall sportlichen Ambitionen zu Diensten.

Die Europahalle ist eine Großsporthalle, in der Welt- und Europameisterschaften im Basketball stattfanden, Qualifikationen im Handball und Leichtathletik-Meetings. Außerdem gab es hier große Konzertveranstaltungen. Leider Vergangenheit, denn die Halle ist außer Gefecht gesetzt durch veraltete Sicherheits- und Gebäudetechnik. Keine großen Ereignisse mehr, nur noch Schul- und Vereinssport. Ihre Zukunft ist noch ungewiss, obwohl sie mit ihrer aufgespannten Dachkonstruktion ein fester Bestandteil des Sportparks an der Günther-Klotz-Anlage ist. Ganz im Zeichen Europas steht auch das Europabad – ein großes Erlebnisbad mit Rutsch-Attraktionen, diversen Saunen im Innen- und Außenbereich und Spa-Angeboten. Eine beliebte Badewelt mit Publikum auch aus der Pfalz und dem nahen Elsass.

Karlsruhe liegt im europäischen Pamina-Länder-Eck, bestehend aus PAlatinat (Pfalz), MIttlerem Oberrhein und dem Nord-Alsace. Man ist verzahnt, schaut über den Rhein, und Französisch ist erste Fremdsprache an den Karlsruher Grundschulen. Den kleinen Grenzverkehr lebt man im Raum Karlsruhe auf jeden Fall. Die einen kaufen Käse, Meeresfrüchte und gehen Flammkuchen essen. Vice versa kommen die anderen in die Shoppingmalls, nutzen das ZKM-Angebot und essen Spätzle mit Pfifferling-Rahmsoße. Der ehemalige Grenzposten ist verwaist, und Lauterbourg und Wissembourg sind nur noch durch den Rhein, die Lauter und den Bienwald geografisch von Baden abgegrenzt. Vive l'europe …

Adresse Hermann-Veit-Straße 7, 76135 Karlsruhe-Südweststadt, www.juergen-goertz.info |
ÖPNV Straßenbahn 1, Haltestelle Europahalle / Europabad | Tipp Unter den Augen der
»Europa« tummeln sich immer zahlreiche Inlineskater und Skateboarder, also Board oder
Inliner nicht vergessen, ansonsten Badehose fürs Europabad und Volleyball oder Badminton-
set für die Spielflächen in der Günther-Klotz-Anlage einpacken.

20 — Der Ewige Parkplatz

Geparkter Nachbau des ersten »Benz«

Viele Karlsruher haben eine Garage oder zwei, manche haben auch einen Stammparkplatz, aber wer kann schon behaupten, einen ewigen Parkplatz vor der Haustür zu haben? In Karlsruhe kann das auch nur einer, und das nur postum: Carl Friedrich Benz, geboren als Karl Friedrich Benz 1844 in Mühlburg. Sein Geburtshaus, das Gasthaus »Stadt Karlsruhe« in der Rheinstraße 22, steht leider nicht mehr. Es war bereits abgerissen, als es überhaupt erst als solches entdeckt wurde. Ironie der Geschichte ist, dass es aufgrund des stark zunehmenden Autoverkehrs weichen musste.

Wer hat's erfunden? Das ist nicht die Frage! Karl oder Carl – das war lange Zeit die Frage. »C« statt »K« war eine modische Laune »à la française« in der persönlichen Namensgebung, die sich tatsächlich behaupten konnte. Die einen schreiben heute so, die anderen so. Unbestritten sind die grandiosen technischen Errungenschaften, die er mit dem Patent-Motorwagen Nummer 1 im Jahre 1885 bis 1886 über die Menschheit brachte. Er erntete anfänglich viel Hohn, da ein Wagen ohne Pferde nicht ernst genommen wurde. Vielen fehlte schlicht die Phantasie, diese Erfindung als Meilenstein der mobilen Welt zu erkennen. Die erste Fernfahrt 1888, die seine Frau Bertha Benz von Mannheim nach Pforzheim unternahm, war eine geniale Werbefahrt und überzeugte einige Zweifler. Nach der Pariser Weltausstellung 1889 gelang es dann endgültig, das Automobil auf die Straßen zu bringen. Wer hätte gedacht, dass es mal des Deutschen liebstes Kind würde.

Das Denkmal »Ewiger Parkplatz« würdigt das Lebenswerk von Carl Benz mit einem Nachbau des Patentwagens Nummer 1, unterstützt durch eine Infotafel. Der Mühlburger Bürgerverein war der Initiator hierfür, denn eine Gedenkstätte für den Karlsruher Autopionier gab es noch nicht. Bei der Herstellung des Wagens wurde der Verein tatkräftig von Achtklässlern der Vogesenschule und von Sponsoren unterstützt.

Adresse Rheinstraße 22, 76185 Karlsruhe-Mühlburg, www.bv-muehlburg.de | **ÖPNV**
Straßenbahn 6, S 2, S 5, S 52, Haltestelle Entenfang | **Tipp** Es lohnt sich, hier mal in die
Geschäfte zu schauen, denn es sind kleinere Läden mit Spezialsortimenten, außer natürlich
»das Kaufhaus für Jedermann« Woolworth, mit mehr als 130 Jahren Unternehmensgeschichte,
genau davor ist der Ewige Parkplatz. In den Querstraßen befindet sich allerdings auch etwas
Rotlichtmilieu rund um den Striptease-Nachtclub Rheingold, Rheinstraße 77.

21 Die Fachwerkhäuser

Spärlich, aber rausgeputzt in Beiertheim-Bulach

Die beiden Dörfer Beiertheim und Bulach fanden schon im Jahre 1110 urkundliche Erwähnung und haben damit Karlsruhe einiges voraus. Die Alb bot sich mit ihrem frischen Wasser geradezu an, sich an ihren Ufern niederzulassen. Die ältesten noch erhaltenen Fachwerkhäuser stehen in Beiertheim in der Breiten Straße, die damals die Verkehrsader des typischen Straßendorfs war. Sie stammen aus dem 17. Jahrhundert, als beide Siedlungen noch Hardtdörfer und die Bauern dem Kloster Gottesaue verpflichtet waren. Landwirtschaft wurde hier betrieben. Heute sieht man nur noch vereinzelt Scheunen auf den Grundstücken, die bei den Fachwerkhäusern etwas tiefer als das Straßenniveau liegen. Das liegt an der heutigen Straßenaufschichtung mit Bordstein und Fußwegen.

Zwischen 1521 und 1527 wurde die Kapelle St. Michael in der Breiten Straße erbaut und erhielt einen prachtvollen Flügelaltar eines unbekannten Straßburger Meisters. Sie verfiel nach dem Zweiten Weltkrieg, der Altar überstand jedoch alles unbeschadet. Er hat heute seinen Platz in der katholischen Kirche St. Michael, einem Neubau von 1965. Ein Betonkasten, in dem man niemals einen solchen historischen Altar erwarten würde, alle Achtung!

Ab 1780 trank und erfrischte sich nicht mehr nur das Vieh in der Alb, sondern auch Karlsruher Bürger badeten in den Fluten. Beiertheim und das Stephanienbad wurden zu einem beliebten Ausflugsziel mit Gastronomie und englischem Garten. Es gab ohnehin schon eine bemerkenswerte Dichte an Lokalen. Nachdem das Interesse der gut betuchten Städter am Stephanienbad sank, wurde das Gebäude als Wäscherei genutzt. Der Wäscherinnenbrunnen in Bulach gedenkt der vielen Frauen, die die Wäsche der Städter im weichen Albwasser wuschen.

Karlsruhe wuchs unterdessen rasch an und breitete sich aus. Wie ein gefräßiges Tier schluckte die Stadt erst Teile und dann ganz Beiertheim und Bulach.

Adresse Breite Straße, 76135 Karlsruhe-Beiertheim-Bulach | **ÖPNV** Straßenbahn S 1, S 11, S 41, S 51, Haltestelle Albtalbahnhof | **Tipp** Wer Fachwerkhäuser bewundert und einen Albspaziergang bereits gemacht hat, der kann sehr gute indische Küche im Restaurant Sangam, Breite Straße 98, genießen, Tandoori und vegetarische Spezialitäten werden geboten, sogar mit Außenbereich (www.sangam-karlsruhe.de).

22 Das Fasanenschlösschen

Vergnügen »à la chinoise« am einstigen Jagdschloss

Zwischen der Hochschule für Technik und Wirtschaft und den Fakultäten des KIT existieren nicht nur Datenautobahnen, sondern es gibt auch eine gerade von Studenten hochfrequentierte Radl-Strecke zwischen den Hochschulen. Im besten Falle »Wissen auf Rädern« – wahrscheinlich ganz im Sinne von Karl Drais, dem Erfinder des Zweirades.

Als Fußgänger muss man sich jedenfalls in Acht nehmen, wenn man vom Schloss aus in Richtung Uni durch das wunderschöne große Hirschtor mit Ziel Fasanengarten geschritten ist.

Gradlinig, mit einem kleinen Schlenker um einen Brunnen, führt die Allee zu einem ovalen Platz, zwei chinesische Pavillons auf der einen Seite und das Fasanenschlösschen auf der anderen Seite. Fasane dominierten hier einst wortwörtlich, in Hochzeiten waren es mehrere tausend Tiere. Schon 1711 wurde im Hardtwald von Markgraf Karl Wilhelm ein Wildpark für die Jagd eingezäunt. Ein Biberareal kam noch hinzu. 1714 entstand auf der Waldlichtung zunächst ein hölzernes Jagdschloss. 1765 erbaute man dort das heutige Fasanenschlösschen »à la chinoise« mit einer Wohnung für den ehrenwerten Fasanenmeister. Chinesische Architekturanleihen waren damals groß in Mode. Der Fassadenanstrich entspricht heute dem Original.

Die vielen Fasane wurden zu teuer in der Haltung und 1866 abgeschafft. Seither ist der Fasanengarten ein Landschaftspark und stadtnahes Erholungsgebiet, eher ein Ort der Ruhe. Der Robinsonspielplatz liegt unweit des Schlösschens und bietet für Kinder jeden Alters viel Spaß. Seit 1926 nutzt das Badische Forstamt das Schlossensemble, heute ist das Forstbauliche Bildungszentrum dort untergebracht. Qualifizierung der Nachwuchskräfte des Forstdienstes steht nun im schönen roten Schlösschen im Fokus. Von Süden kuscheln sich heute bereits die Gebäude des KIT an den Bau. Dort verliert sich auch die Spur der vielen studentischen Park-Radler.

Adresse Richard-Willstätter-Allee 2, 76131 Karlsruhe-Innenstadt-Ost | **ÖPNV**
Straßenbahn 1, 2, 4, 5, S 1, S 2, S 4, S 5, S 11, S 41, S 51 5E, Haltestelle Kronenplatz oder
Durlacher Tor / Campus Süd | **Tipp** Wer den Robinsonspielplatz mit kleineren Kindern
aufsuchen möchte, der sollte Wechselkleider dabeihaben, denn es gibt eine Wasserpumpe,
und das flache Wasserbecken mit »Robinson-Insel« ist frei mit Minibooten befahrbar,
Baden ist aber verboten. 7.000 Quadratmeter Spielplatzmöglichkeiten lassen keinen
Wunsch offen.

23 Der Gewerbehof

Die Firmen-WG in der Stadt

Oh, oh … selbstverwaltete Betriebe und Initiativen zur Entwicklung neuer Sozial- und Arbeitsformen … das lässt den klassischen Marktwirtschafts-Getreuen natürlich zurückzucken. Wer aber mit sozialkritischen Betrachtungen und selbst gestrickten Socken in Clogs annähernd vertraut war oder alternative Ideen zulassen kann, der kann sich auch vorstellen, wie und warum hier alles begann.

Man suchte in jedem Fall eine Alternative zum Establishment. Nach langer Orientierungsphase gelang es den interessierten Betrieben, die Politik und den Oberbürgermeister von den außergewöhnlichen Perspektiven zu überzeugen. Man stellte ein ausgeklügeltes Finanzierungssystem mit vielen Beteiligten auf die Beine. 1986 wurde ein geeigneter Gebäudekomplex gefunden, und der Gemeinderat stimmte dem Kauf und der Förderung des Vorhabens zu. Für die Selbstverwaltung der gemeinschaftlichen Themen wurde der Verein »Freiraum e.V.« gegründet, der monatlich ein Plenum abhält. 1987 zogen die ersten Mieter ein, und das Konzept läuft weiter, trotz vieler großer Zweifler.

Der Gewerbehof bietet eine besondere Atmosphäre, wenn man den Innenhof durch den Torbogen betreten hat. Die Gebäude sind toll saniert, aber eben nicht so schick, dass nur noch Praxen und Kanzleien sich die Miete leisten könnten. Es weht noch ein Hauch Strickpullover durch den Hof, aber sehr gemäßigt und eher in trendiger Version. Im hinteren Bereich steht ein besonderer Betonklotz mit Stahlhelm und einem Gewehr, den die Stadt auf einer öffentlichen Fläche nicht bereit war aufzustellen. Er wird von einem kleinen Freundeskreis gepflegt. Ein unerwarteter Anblick. Es handelt sich um das Deserteurdenkmal mit einer Inschrift von Kurt Tucholsky. Nicht zuletzt befindet sich ganz hinten das Café Palaver. Der tolle Gastraum ist eine ehemalige Fabrikhalle mit hohen alten Fenstern, und auch im Hof kann man wunderbar speisen. So kann also die Alternative aussehen.

Adresse Steinstraße 23, 76133 Karlsruhe-Innenstadt-Ost, www.gewerbehof-karlsruhe.de | **ÖPNV** Straßenbahn 5, Haltestelle Mendelssohnplatz | **Öffnungszeiten** Café Palaver täglich 9–19 Uhr, www.cafepalaver.de | **Tipp** Ein großes Einkaufsmekka für den kreativen Künstlerbedarf ist der Gerstaecker-Bauwerk-Laden in der auf den Lidellplatz treffenden Adlerstraße 30.

24__Glam

Klamottenladen mit sozialkritischem Schaufenster

Man muss sich das auch erst mal trauen, Passanten und mögliche Kundschaft durch gelegentlich provozierende Schaufensteraktionen anzusprechen. So vermischt sich bei den Aktionen des Fashion-Shops »Glam« immer wieder Kunst oder Sozialkritik mit Mode. Gewagt, aber immerhin wagt mal einer was im Glanz und Glitter der braven Konsummeile der Innenstadt. Auch das sind Werbemaßnahmen, sicher, aber mal nicht mit plumpen Werbesprüchen, sondern erfrischend anders.

Seit über zehn Jahren bietet das »Glam« von Jochen Schader farbenfrohe Kleider, Röcke, Schuhe, Taschen, Strümpfe und Accessoires. Bis 2014 gab's noch Pullis, Blusen und Hosen zu kaufen. Das änderte sich schlagartig, als der Lifestyle-Laden in der Fußgängerzone unweit des Ludwigsplatzes zum ersten Kleiderladen der Stadt wurde. Kleider machen Leute … Mit »Hosenopfern« wurde damals kurzer Prozess gemacht: Hose aus und weg, Kleid an. Dafür gab es ordentlich Rabatt auf jedes Kleid. Es gab in der Vergangenheit aber auch nachdenklich machende Aktionen wie beispielsweise ein Schaufenster gegen Kinderarbeit, Kritisches zum Fest der Liebe, einen im Schaufenster wohnenden Obdachlosen, eine Raumszene-Kunstaktion mit beschriebenen Fenstern. Man darf gespannt sein, was noch alles kommt.

Was nicht kommt, zumindest nicht reinkommt, ist jemand mit einer »Billigmarkt«-Tüte in der Hand. Ein »Wir müssen leider draußen bleiben«-Hinweis bezieht da ganz klar Stellung. Auch die gebotene Mode bezieht klar Stellung, denn sie ist in jedem Fall nicht zurückhaltend. Es werden selbstbewusste Trägerinnen angesprochen mit Mut zur Farbe, zu schrillen Kombinationen und einem Hang zu ausgefallenem Chic. In der Firmenketten-Einkaufslandschaft der Großstädte muss man mittlerweile individuelle Geschäfte, in denen keine Massenware über den Tresen geht, wirklich suchen. Nur wenige Läden rechtfertigen noch einen Schaufensterbummel, dieser schon.

Adresse Erbprinzenstraße 26, 76133 Karlsruhe-Innenstadt-West, www.glam-ka.de |
ÖPNV Straßenbahn 1, 4, 5, S 1, S 2, S 5, S 11, S 51, Haltestelle Herrenstraße |
Öffnungszeiten Mo–Sa 11–19 Uhr | **Tipp** Der Laden liegt zwischen dem belebten
Kirchplatz von St. Stephan und dem Ludwigsplatz, einem »Sehen-und-gesehen-werden«-
Hotspot voller Lokale, Cafés und Kneipen, also am besten Hunger und Durst mitbringen.

25 Die Gondoletta-Fahrten

Karlsruhe entschleunigt betrachten

Man braucht Geduld. Falls man die nicht hat, bietet sich hier die einmalige Gelegenheit, zu üben. Der Takt ist vorgegeben. Beschleunigt wird lediglich zum Dahingleiten. Die Welt um uns herum ist hektisch. Alles drängt höher, schneller, weiter … hier nicht. Hier wird gelassen aufs nächste freie Boot gewartet. Woran liegt das? Vielleicht ist es eine Sehnsucht nach vergangenen Kindertagen, als man noch im Kinderwagen geschoben wurde und sich alles so ruhig an einem vorbeibewegte. In der offenen, aber überdachten Gondoletta ist es ähnlich, und so manch einer wird durch das ganz leichte Schaukeln auf dem Wasser in den Schlaf gewiegt. Mit gefühlten 0,5 km/Tag werden die Bötchen vom Stadtgartensee durch einen kleinen Kanal, dann in einem großen Bogen über den Schwanensee und wieder zurückgezogen. Einsteigen kann man an zwei Anlegern unweit der Kassen am Nord- und Südeingang.

Die Schlummerfahrt führt direkt am Elefantengehege vorbei, und man kann in aller Ruhe einen Blick auf die gepflegten Parkanlagen mit den vielen blühenden Rabatten werfen. Viele Familien, vom Neugeborenen bis zur Oma, finden das toll. Die einen werden in Ruhe gestillt, die anderen schonen die müden Beine. Wieder andere packen ihre Stullen aus, und manche Pärchen nehmen unterwegs Knutsch-Auszeit. Man muss die 40-Minuten-Runde ohne Wendemöglichkeit nicht ganz durchhalten, auf halber Strecke kann man am zweiten Anleger ebenfalls aussteigen. Die meisten werden jedoch zu Wiederholungstätern. Gondoletta-Fahrten sind irgendwie Kult.

Der Zoologische Stadtgarten an sich ist natürlich vor allem durch die vielen Tiergehege sehenswert, die in den letzten Jahren vereinzelt stark modernisiert und artgerechter wurden. Dem Zoobesucher bietet sich von zwei Fußgängerbrücken aus die Gelegenheit, auch einen Blick auf die Gondoletta-Reisenden zu werfen. Kann auch amüsant sein, wie im Zoo halt …

Adresse Zoologischer Stadtgarten, Ettlinger Straße 6, 76137 Karlsruhe-Südweststadt | **ÖPNV** Straßenbahn 2, S 1, S 4, S 11, S 41, Haltestelle Werderstraße | **Öffnungszeiten** Stadtgarten 9–16 Uhr (Winter), 8–18 Uhr (Sommer). Gondoletta Karfreitag–Mitte Okt. täglich 11–18 Uhr (Tickets gibt es an den Eingangskassen) | **Tipp** Einen sehr schönen Ausblick kann man sich anschließend noch durchs Erklimmen des Berges im südlichen Stadtgarten erarbeiten, er ist immerhin 154 Meter hoch (www.karlsruhe.de).

26 Das Gottesauer Schloss

Ein Schloss für die Sinne

Das große Gartentor zum Schloss Gottesaue durchschreiten meist junge Menschen. Entweder mit Musikinstrument unterm Arm oder, an lauen Sommerabenden, mit Kissen und Decken ausstaffiert. Die einen studieren und musizieren an der Hochschule für Musik im Schloss, die anderen fläzen sich entspannt in die vielen Plastikstühle vor dem Gebäude oder legen sich ganz »gechillt« in die Rasen-Wellenlandschaft. Sie genießen großes Kino unter freiem Himmel und vor hübscher Kulisse.

Das Programmkino Schauburg veranstaltet hier alljährlich und von Juli bis September fast täglich ein großes Open-Air-Kino. Südlich und östlich schließt sich »frisches« Karlsruher Terrain an mit dem neu gestalteten Otto-Dullenkopf-Park und dem Großprojekt »Kreativpark Ost« auf dem ehemaligen Schlachthofgelände. Der Otto-Dullenkopf-Park bietet Spielflächen, Spielplatz und einen Funpark für Skater. Dort kann man im Restaurant »PURiNO« prima einkehren oder im Biergarten auf die gegenüberliegende Filmvorführung anstoßen.

Der »Kreativpark Alter Schlachthof« auf diesem großzügigen Areal setzt sich aus unterschiedlichen Veranstaltungsorten, Restaurants, Bars, Ateliers und Bürokomplexen zusammen.

Das Schloss selber ist geradezu ein kleines Stehaufmännchen. Es wurde gleich mehrmals zerstört und wiederaufgebaut. Zuerst stand an dieser Stelle ein später geplündertes und niedergebranntes Benediktinerkloster. Erst 1588 begann Markgraf Ernst Friedrich, hier ein Schloss zu bauen. Immer wieder traf das Gebäude Zerstörung durch Brände und Kriege, gefolgt von Wiederaufbau. Nach dem Bombenangriff von 1944 blieb es für lange Zeit eine Ruine. Ab 1982 baute man schließlich die heutige Schlossfassade im Stil der Renaissance nach alten Plänen des 16. Jahrhunderts wieder auf und ergänzte moderne Nebengebäude. Das junge Schloss passt nun gut zum jungen Publikum.

Adresse Am Schloss Gottesaue 7, 76131 Karlsruhe-Oststadt | **ÖPNV** Straßenbahn 5E, 6, Haltestelle Schloss Gottesaue / Hochschule für Musik | **Öffnungszeiten** Juli – Sept., Filmbeginn im Juli 21.30 Uhr, im Aug. 21 Uhr und im Sept. 20.30 Uhr, Decken und Kissen sind erlaubt mitzubringen, Programm unter www.schauburg.de | **Tipp** Die Veranstaltungen der Musikhochschule in den dortigen Veranstaltungssälen, ob im Schloss oder im Neubau, sind vielfältig und sehenswert, beispielsweise die Abschlusskonzerte der Meisterklassen (www.hfm-karlsruhe.de).

27 Die Grabkapelle

Adlige »Gruftis« in Pyramide und Kapelle

Jener Markgraf tanzte schon immer irgendwie aus der Reihe – bis zu seinem jähen Ende. Karl Wilhelm von Baden-Durlach, der Stadtgründer Karlsruhes, verweigerte die Pforzheimer Familiengruft, stattdessen verfügte er eine Beisetzung in einer Gruft der ersten Karlsruher Stadtkirche, der Konkordienkirche. Lediglich seine inneren Organe wurden nach erfolgter Obduktion in die Gruft nach Pforzheim gebracht, dagegen konnte er sich nicht mehr wehren. Die Konkordienkirche musste 1807 den großräumigen städtebaulichen Maßnahmen von Friedrich Weinbrenner weichen, der den Marktplatz als klassizistisches »Gesamtarrangement« umgestaltete. Die verschlossene Gruft Karl Wilhelms durfte unterirdisch bleiben, und man errichtete darüber zunächst eine hölzerne, später die steinerne Pyramide im Herzen der Stadt. Zuletzt warf man 1998 im Zuge der Vorbereitungen für den U-Bahn-Bau im Beisein von Prinz Bernhard von Baden einen Blick auf die Gebeine des Markgrafen.

Als Prinz Ludwig Wilhelm von Baden 1888 sehr jung starb, wollten seine Eltern, Großherzog Friedrich I. und Großherzogin Luise, einen ruhigen Ort zur stillen und unbeobachteten Trauer. Mit dem Bau der Grabkapelle schlossen sie endgültig mit der Pforzheimer Familiengruft ab.

Die heutigen drei Grabdenkmäler der großherzoglichen Familie von Hermann Volz im Inneren des Sandsteinbaus sind dem imposanten Vorbild des Charlottenburger Grabdenkmals der Königin Luise von Preußen nachempfunden. Sie war die sehr verehrte Großmutter der Luise von Baden. Insgesamt 18 blaublütige Nachfahren haben in dieser neugotischen Abgeschiedenheit ihre letzte Ruhe gefunden. Auch heute noch ein stilles Kleinod am Rande des Schlossparks. Eine besonders schöne Zeit für den Besuch hier ist der späte Nachmittag, wenn die Sonne die Grabkapelle durch die Waldschneise warm anstrahlt und den Sandstein sowie die Gestalten am Dach besonders zur Geltung bringt.

Adresse Klosterweg 11, 76131 Karlsruhe-Oststadt, www.grabkapelle-karlsruhe.de |
ÖPNV Straßenbahn 1, 2, 4, S 2, S 4, S 5, S 41, 5E, Haltestelle Durlacher Tor/Campus
Süd | **Öffnungszeiten** April–Okt. Do 11–14 Uhr, Fr 14–17 Uhr, Sa und So 13–17 Uhr |
Tipp Die großherzogliche Grabkapelle lässt sich gut mit dem Fasanenschlösschen zu
einem ausgedehnten markgräflichen Parkspaziergang kombinieren.

28 Die Grabplatten der »natürlichen Kinder«

Die unehelichen Carls und Carlinchens des Markgrafen

Viele Harems-Phantasien ranken sich um die amourösen Liebschaften des Markgrafen Karl Wilhelm, belegt auch durch diese Grabplatten an der Nikolauskapelle.

1697 wurde Karl Wilhelm mit der Prinzessin Magdalena Wilhelmine von Württemberg verheiratet, um die markgräfliche Linie zu sichern und die politischen Positionen der Familien zu stärken. Diese badisch-schwäbische Ehe war wie so oft in diesen Kreisen kein Liebesbündnis. Demgegenüber wurden dem Markgrafen Galanterie, gefällige Manieren, geistreiche Unterhaltung, angenehme Ausstrahlung und Unternehmungslust nachgesagt, ein echter Womanizer seiner Zeit. Schon zu Durlacher Residenzzeiten engagierte der Musikliebhaber neben einer schnell anwachsenden Hofkapelle auch immer wieder gefällige Damen als Hofsängerinnen. Die Prinzessin blieb daraufhin in der Karlsburg wohnen, als ihr Gatte in die neue Residenz umzog und die Sängerinnen in Kammern des Schlossturms unterkamen. Diese Frauen, es waren im Lauf der Zeit weit über 100, entstammten eher ärmlichen Verhältnissen und erhielten kostenlos Tanz- und Gesangsunterricht. Zwischen 1712 und 1716 wurden immerhin etwa 40 Opern einstudiert und am Hofe bei gesellschaftlichen Anlässen aufgeführt.

Der Markgraf war durch und durch Lebemann, aber immerhin mit einer für seine Zeit ungewöhnlichen sozialen Verantwortung. Er versteckte seine wechselnden Gespielinnen nicht, sondern ritt mit ihnen aus, ging mit ihnen als persönliche Leibgarde auf Reisen, zahlte ihren Unterhalt und ließ sie unterrichten. Ebenso war für die zahlreichen von ihm gezeugten unehelichen Kinder, die sogenannten »natürlichen Kinder«, die allesamt Carl oder Carline hießen, gesorgt. Jede standesgemäße Mätresse hätte den Markgrafen wohl mehr Geld gekostet. Ein durchaus schwäbischer Ansatz im Hause Baden …

S V
H
CAROL
EX
IOC AROLO
DIESU NICUS
LOSI NFRE
IUVENTUTIS
EX BRACHII S PARENTU
ABSTULIT
O MISER AVITA
Õ FELIXQUE QUIESCI
ME CUM CUM DE
I N

Adresse an der Nikolauskapelle, Basler-Tor-Straße 6, 76227 Karlsruhe-Durlach | **ÖPNV** Straßenbahn 1 und 8, Haltestelle Friedrichschule | **Tipp** Schon der Markgraf liebte »Wein, Weib und Gesang«, und auch die Durlacher können sehr gut feiern beim jährlichen Durlacher Altstadtfest, das auch rund um die Nikolauskapelle viele Stände und Musik bietet (www.altstadtfest-durlach.de).

29 Der Gutenbergplatz

Treffpunkt mit »liebem« Käse für den guten Mann

Ein kleiner Urlaubstag an einem sonnigen Samstagmorgen gefällig? Dann ab in die Weststadt! Sternförmig nähern sich die Städter dem Gutenbergplatz: frankophile Einkaufstaschenträger, hochhackig stöckelnd, in Birkenstocks schlendernd oder dynamisch im neuesten Outdoor-Look.

Samstags und zweimal unter der Woche ist hier Markttag – im Sommer immer auch ein kleiner Auflauf des »Who's who« von Karlsruhe. Sehen und gesehen werden mit einem kleinen Touch Viktualienmarkt oder einem Hauch Aix-en-Provence.

Die Kulisse ist wie geschaffen für mondänes Markttreiben. Das Gebäude-Ensemble rund um den Gutenbergplatz ist denkmalgeschützt. Der Platz ist gepflastert und von hohen Lindenbäumen eingerahmt. Im nördlichen Teil plätschern der interessant gestaltete Krautkopfbrunnen und der Pelikanbrunnen frisch vor sich hin. Kinder spielen hier gern, während ihre Eltern sich in bestuhlter Gemütlichkeit niederlassen für den Markt-Frühschoppen oder den »Latte« danach. Der Platz ist voll mit Ständen: Gemüse, Obst, Eier, Geflügel, Fisch, Oliven, Blumen … das ganze Programm, frisch und lecker. Der Duft von elsässischen Backwaren und Bergkäse von ganz »lieben« Kühen steigt einem in die Nase. Die bunte Mischung macht's. Preislich bietet der Wochenmarkt für jeden Geldbeutel etwas.

In der Weststadt gibt es einen hohen Anteil alter Stadtvillen aus Sandstein, das macht das Flair dieses Stadtteils aus. Zahlreiche Cafés und Restaurants säumen den Platz, und schöne Läden laden zum Spontankauf ein. An Nicht-Markttagen ist der Platz ein ordinärer Parkplatz, aber es werden immer wieder Ideen zur kreativen Umnutzung geboren. So beispielsweise das Fest »Westwind« mit Gauklern, Musik und viel Programm auch in den umliegenden Geschäften. Ein Event, das Besucher das große kulturelle Potenzial dieses Viertels erleben lässt. Die hiesige Jugendstil-Litfaßsäule kündigt die Veranstaltungen rechtzeitig an.

Adresse Gutenbergplatz, 76135 Karlsruhe-Weststadt | **ÖPNV** Straßenbahn 1, Haltestelle Sophienstraße | **Öffnungszeiten** Markttage: Di, Do und Sa ab 7.30 Uhr | **Tipp** Es lohnt sich, um den Gutenbergplatz herum in den Straßen zu bummeln. Es siedeln sich immer mehr interessante Einzelhändler mit schönen Geschäften an. Der Platz ist auch Veranstaltungsort des einmal im Jahr stattfindenden Stadtteilfestes »Westwind«, mehr unter www.westwind-karlsruhe.de.

30 Das Gut Scheibenhardt

Altes Jagdschloss mit Kunstbetrieb am 13. Grün

Mainstream und Golf-Schickeria treffen rund um das Hofgut Scheibenhardt auf noch junge Wilde der Kunstszene. – Kann ein spannender Kontrast sein und zu kreativen Entladungen in der Außenstelle der Akademie der Bildenden Künste führen, die im Schlossgebäude des Gutes untergebracht ist. Von der barocken Pracht früherer Tage ist dort im Inneren nichts mehr zu finden, von außen ist aber alles noch sehr adrett anzuschauen. Manch jungem Künstler mit urbanen Wurzeln mag der Ort ein wenig zu idyllisch sein. Es gibt aber zumindest viel Platz und Raum, um den Geist »fliegen« zu lassen. In den Ateliers wird der Künstlernachwuchs akademisch ausgebildet und dies in Karlsruhe bereits mit langer Tradition und vielfach durch große Meister ihres Faches als Professoren.

1854 wurde die Akademie als »Großherzogliche Kunstschule« von Friedrich I. von Baden gegründet.

Das mehrgeschossige Hauptgebäude des Gutes Scheibenhardt wurde bereits 150 Jahre früher unter dem Markgrafen von Baden-Baden am Ende des 17. Jahrhunderts im Stil eines barocken Jagdschlosses von Domenico Egidio Rossi erbaut. Unter Franziska Sibylla Augusta wurde es später von Johann Michael Rohrer und Franz Ignaz Kromer weiter aus- und umgebaut. Sie strebte eine Schwerpunkt-Verlagerung hin zu einem landwirtschaftlichen Mustergut an. Zu dieser Zeit war die Anlage noch vollständig von einem ovalen Wall mit Wassergraben umgeben. Gut Scheibenhardt war bereits seit dem Mittelalter ein kleines Eiland und nur über eine Brücke mit zwei Wachhäuschen zu erreichen.

Aus Süden und von Ettlingen kommend weist noch heute die lange hübsche Allee den Weg hierher. Der Graben ist inzwischen leider verlandet, und Wasserbiotope findet man lediglich auf dem benachbarten Golfplatz. Dort übt der finanzstarke »Golf-Clubber« Abschläge und verbessert sehr stadtnah sein Handicap … und kauft vielleicht später Werke der hiesigen Künstler von morgen.

Adresse Gut Scheibenhardt 1, 76135 Karlsruhe-Beiertheim-Bulach, www.kunstakademie-karlsruhe.de, www.hofgut-scheibenhardt.de | **ÖPNV** Straßenbahn 1, Haltestelle Badenia-platz | **Tipp** Man kann eine schöne Runde durch den Weiherwald drehen, am Oberholz-graben und an zwei Teichen vorbeiradeln oder einen Abstecher zum griechisch-deutschen Restaurant Gartenzwerg machen, Gottlob-Schreber-Weg 3 (www.gartenzwerg-karlsruhe.de).

31 Der Hauptfriedhof

Neben der Trauer– auch eine Parklandschaft

Auf dem Hauptfriedhof findet man das, was in heutigen Tagen so schwierig zu schaffen scheint: eine friedvolle Religions-Koexistenz. Die allermeisten Gräber gehören christlichen Gläubigen, aber es gibt hier ebenso ein abgetrenntes Gelände des allgemeinen jüdischen Friedhofs sowie ein muslimisches Gräberfeld. Die Gräber der jüdischen Familie Nachmann befinden sich auf dem Hauptfriedhof. Auch jenes von Werner Nachmann, von 1969 bis 1988 Vorsitzender des Zentralrats der Juden in Deutschland. Er stand für Aussöhnung und Annäherung, geriet aber nach seinem Tod unter den Verdacht der Veruntreuung im großen Stil.

Das Eingangsportal, eine Art römischer Triumphbogen, der Campo Santo und die große Kapelle bilden ein von Josef Durm gestaltetes architektonisches Ensemble mit starken Anleihen bei der Frührenaissance Italiens. Edles Material wurde 1874 bis 1876 verbaut, und die Arkaden schmücken aufwendige Friese mit Darstellungen zu Leben und Tod. Beeindruckend ist ebenso das Bürklin'sche Mausoleum. Diese ehemalige Grabstätte der Familie Bürklin dient heute als Kolumbarium. Sie ist mit ihrer Blattgoldkuppel im Inneren und ihren Statuen einen Besuch wert.

Beim Schlendern über den Parkfriedhof entdeckt man einen naturnahen Ort der Ruhe. Er wurde in Anlehnung an englische Gärten des 18. Jahrhunderts geplant. Eine Art Erholungsfläche, die erstmalig in Süddeutschland von den strengen barocken Linien damaliger Friedhöfe abwich. Diese Idee setzt sich fort mit dem Gräberfeld »Mein letzter Garten«, ein moderner Landschaftspark, konzipiert mit künstlichem Wasserfall, Teichen, Skulpturen und Bambusbewuchs. Am Hauptfriedhof arbeitet man am Puls der Zeit – die Bedürfnisse der Angehörigen werden mit Hilfe eines Info-Centers berücksichtigt. Hier gibt es Vorträge, Ausstellungen, kunsthistorische Führungen und ein Friedhofsmobil. Zum Tabuthema Tod wird außerdem umfassend beraten.

Adresse Haid-und-Neu-Straße 35 – 39, 76131 Karlsruhe-Oststadt, www.friedhof-karlsruhe.de | **ÖPNV** Straßenbahn 4, 6, 5E, S 2, Haltestelle Hauptfriedhof | **Öffnungszeiten** Info-Center: Di – Fr 10 – 17 Uhr und Sa 10 – 13 Uhr | **Tipp** Zur großherzoglichen Grabkapelle ist es nicht weit, und wer sich lieber stärken möchte, der kann im Hoepfner-Burghof, Haid-und-Neu-Straße 18, anschließend zum Bier einkehren.

32 Die Hedwigsquelle

Tête-à-Tête von Grillplatz und Hofladen

Was war zuerst da, die eingefasste Hedwigsquelle oder der Hedwigshof? Gab es eine berühmte Hedwig? Wohin verschwinden die Menschen, die hier die Straße zu Fuß oder per Rad überqueren? Berechtigte Fragen.

Quellbrunnen und Hof bedingten sich sicher gegenseitig. Die Quelle war ein Argument für die Niederlassung an dieser Stelle, also fasste man das Trinkwasser früh in Stein. Beliebt sind beide Orte. Der badische Baudirektor Johann Jacob Weinbrenner, ein Kenner der römischen Architektur, wurde vom Markgrafen beauftragt, hier Ausgrabungen vorzunehmen, nachdem man Mauerreste in unmittelbarer Nähe gefunden hatte. Drei Monate dauerten die intensiven Grabungen, und Weinbrenner fertigte umfassende Zeichnungen dazu an. Eine prächtige »villa rustica« mit Badehaus trat zutage. Leider wurden die Funde später abgetragen und landwirtschaftlich untergepflügt, welch ein Jammer! Die Villa lag damals an einer römischen Handelsstraße, heute liegt der Hof an der »Flitzer-Blitzer«-gefährlichen B 3, genau zwischen Ettlingen und Wolfartsweier. Eine berühmte Hedwig gab es nicht als Namensgeberin, sie war wohl die Gattin eines ehemaligen Besitzers. Und wohin verschwinden nun die Leute?

Mountainbiker treffen sich hier und verschwinden zu Ausfahrten auf den Wattkopf. Wanderer queren hier gern, um dem Saumweg bis Ettlingen mit schönen Ausblicken in die Rheinebene zu folgen. Unterschiedlichste Gruppen verschwinden zur Quelle und vergnügen sich mit Picknick und Palaver am Grillplatz. Manche gehen hier mit ihrem Hund einfach gern Gassi. Wasser für Hund und Halter ist ja ausreichend vorhanden, falls die Zunge hängt nach anstrengender Wattkopf-Bergtour. Viele verschwinden natürlich auch im heutigen attraktiven Hofladen des Hedwigshofs, bio und frisch, mit Fleisch aus eigener Haltung und vielem mehr. Es gibt also viele Gründe, hierherzukommen. Ein wahrlich steter Quell des Vergnügens und des Genusses.

Adresse Durlacher Straße 36, 76275 Ettlingen, zwischen Ettlingen und Wolfartsweier in Alleinlage, www.hedwigshof.de | **ÖPNV** nur bis Zündhütle, Wolfartsweier oder bis Ettlingen möglich | **Öffnungszeiten** Hofladen: Do 15–18 Uhr, Fr 11–18 Uhr und Sa 9–12 Uhr, Grillstelle: bei der Ortsverwaltung Ettlingenweier reservieren, Ettlinger Straße 24, Kaution 50 Euro | **Tipp** Auf der gegenüberliegenden Straßenseite der B 3 kann man im Frühling sehr viel frischen Bärlauch im Waldstück riechen und finden.

33 Das Heinrich-Hertz-Denkmal

Im Ehrenhof der Hochschule mit Rang und Namen

Ehrenhof, Campus Süd, Karlsruhe Institut of Technology. Ein schöner großer Hof mit einem Brunnen unter Bäumen und Denkmälern berühmter Köpfe. Dort wächst auch ein riesiger alter Ginkgobaum. Das Heinrich-Hertz-Denkmal hat hier einen würdigen Standort in Blickweite des Hauptgebäudes der Fridericiana. Sie ist die älteste deutsche technische Hochschule und genießt auch heute international einen hervorragenden Ruf. Entwickelt hat sie sich aus dem 1825 von Großherzog Ludwig I. gegründeten Polytechnikum. Ab 1885 durfte sie sich Technische Hochschule und ab 1967 Universität Karlsruhe nennen. Alles passé in Zeiten des World Wide Web. Immerhin erhielt man 1984 an der Uni Karlsruhe die erste E-Mail Deutschlands, da muss der Name natürlich international klingen: Karlsruher Institut für Technologie.

Es waren Männer wie Heinrich Hertz, die der Hochschule zu Ruhm verhalfen. Bereits vor mehr als 125 Jahren gelang es Hertz, die nach ihm benannten elektromagnetischen Wellen bahnbrechend im Experiment nachzuweisen. Wir haben sie als Radio- und Funkwellen kennengelernt. Der Meister selbst studierte bereits bei bekannten Physikern wie Hermann von Helmholtz und Gustav Robert Kirchhoff und promovierte in Berlin. 1885 erhielt er mit nur 28 Jahren die Berufung an die Karlsruher Hochschule auf den Lehrstuhl für Physik. Er löste damit Karl Ferdinand Braun ab, der noch Nobelpreisträger für Physik als Entwickler der »Braunschen Röhre« (Kathodenstrahlröhre) werden sollte. Diese fand später in Fernsehgeräten weltweite Verbreitung.

Wer weiß, was noch alles vom genialen Heinrich Hertz zu erwarten gewesen wäre, er starb jedoch jung mit nur 37 Jahren an einer Blutvergiftung. Ihm zu Ehren wurde postum die physikalische Einheit der Frequenz (Schwingung pro Sekunde) in Hertz benannt.

AN DIESER STAETTE ENTDECKTE
HEINRICH HERTZ
DIE ELEKTROMAGNETISCHEN WELLEN
IN DEN JAHREN 1885–1889

Adresse Ehrenhof, 76131 Karlsruhe-Campus-Süd | **ÖPNV** Straßenbahn 1, 2, 4, 5, S 1, S 2, S 4, S 5, S 11, S 41, S 51, 5E, Haltestelle Kronenplatz | **Tipp** Gegenüber der Universität, Kaiserstraße 47, liegt das Restaurant Seilerei Provencale, eine Weinstube, Café und Galerie in einem historischen Gebäude des Karlsruher Dörfles (www.seilerei-provencale.de).

34 Die Hirschbrücke

Tolle Eisenbrücke, filmreif

Wer ein sonntäglicher »Tatort«-Zuschauer ist, der konnte die Hirschbrücke schon auf seinem Bildschirm sehen, während Kommissarin Lena Odenthal vor der schönen Kulisse fahndete. Für den Krimi lag die Brücke natürlich kurzerhand in Ludwigshafen …

Als man den Bau der Hirschbrücke beschloss, führten die Bahngleise in Karlsruhe noch mitten durch die Stadt. Hier in der Südweststadt mussten gleich drei Linien überquert werden. Das ging gefahrlos und elegant durch eine Brücke. Nach der Verlegung des Hauptbahnhofs weiter südlich entfielen viele Bahngleise, sodass das imposante Bauwerk heute etwas überdimensioniert nur noch die Mathy- und Jollystraße sowie die Straßenbahngleise überbrückt. Zum Glück ließ sich ein Abriss durch Größe, Gewicht und Straßenführung nicht so leicht realisieren, und sie blieb, heute leider ohne Hirschfigur, erhalten.

Schon nach dem Zweiten Weltkrieg sollte die Brücke nach leichten Schäden entfernt werden. Der Bürgerverein Südweststadt wehrte sich erfolgreich dagegen. Er feiert noch heute jährlich das Hirschbrückenfest unter den massigen Pfeilern, die schön und detailreich verziert sind. Die Atmosphäre mit dem Spielplatz, dem Bouleplatz und dem Parkgrün ist dort zugleich urban und doch angenehm erholsam. Man könnte sich auch irgendwo in unserer Hauptstadt befinden. Zu Vergleichen wird auch die Pariser Pont Neuf gern herangezogen, denn die Ausbuchtungen der Sandsteinpfeiler für die Laternen erinnern etwas daran, wenn auch die Pont Neuf eine reine Steinbrücke ist. Ein Stückchen »vie parisienne« in Karlsruhe und bei beginnender Dunkelheit ein Ort für echte Romantiker: Die Südweststadt ist ein sehr angenehmes Wohngebiet mit Alleen und alten Stadthäusern. Hinter den Fassaden verstecken sich oft sehr schöne Hinterhofkulissen, und die Balkone sind liebevoll bepflanzt. Bis zur Innenstadt ist es nicht weit, und ein Fortkommen per Rad wird hier gerne praktiziert.

Adresse Hirschstraße, 76137 Karlsruhe-Südweststadt | **ÖPNV** Straßenbahn 2, 3, 4, 5, S 52, Haltestelle Mathystraße | **Tipp** Von der Hirschbrücke aus kann man es per Rad gen Süden schön laufen lassen, es geht leicht, aber stetig bergab, eine Rarität in der Rheinebene.

35 Der höchste Punkt

Wo sich die Wildschweine Gute Nacht sagen

Die Stadtmitte liegt auf dem 49. Breitengrad in der oberrheinischen Tiefebene und ist flach wie eine Flunder, mal abgesehen von kleineren städtebaulichen Erhöhungen. Der tiefste Punkt am Rheinhafen liegt auf 100 Metern ü. NN. Was soll das also heißen, höchster Punkt? Hochhaus oder was? Nein, Karlsruhe hat Höheres zu bieten: die Durlacher Berg-Stadtviertel und die sogenannten »Karlsruher Bergdörfer«. Klingt nach Allgäu-Hochlagen und weit entfernt, sie liegen aber grad »de Buggel nuff«.

Wolfartsweier schmiegt sich an den Hang, um zu den Ortsteilen Stupferich, Palmbach, Grünwettersbach sowie Hohenwettersbach hinaufzugelangen, muss man aber schon ganz schön in die Pedale treten. Mit dem Auto gibt es zwei mögliche Strecken hinauf durch den Wald, die schon manch einen Fahrer mit zu viel Gas aus der Kurve getragen haben. Zum höchsten Punkt der Stadt muss man nach Grünwettersbach fahren und sich im Ort weiter südlich hangaufwärts halten. Die Richtung gibt der Fernmeldeturm vor, der mit seiner rot-weißen Spitze schon von Weitem auf diesem nördlichsten Ausläufer des Schwarzwaldes sichtbar ist. Die Antennenspitze weist eine Höhe von 460 Meter ü. NN. auf, ist aber disqualifiziert bei der Suche nach dem höchsten Punkt. Man muss sich vom Turm aus noch am Spielplatz vorbei in den Wald schlagen. Wer jetzt Grunzgeräusche und strenge Gerüche wahrnimmt, der muss nur immer weiter der Nase nach: Der höchste Punkt Karlsruhes liegt mitten im Wildschweingehege auf 323,2 Meter ü. NN.

Die rund 200 Meter Höhenunterschied zum Stadtzentrum bescheren im Sommer um die zwei Grad kühlere Temperaturen, öfter Schnee im Winter und oft Sonnenschein, während die Stadtmitte im Nebel versunken ist. Auf der Hochebene kann man wunderbar durch Streuobstwiesen spazieren. Die Sicht ins Rheintal ist durch die starke Bewaldung versperrt, dafür kann man den Blick weit in die anderen Richtungen schweifen lassen.

Adresse Wildschweingehege, 76228 Karlsruhe-Grünwettersbach | **ÖPNV** Bus 27, 47, Haltestelle Grünwettersbach Rathaus | **Tipp** Wenn man die Wildschweine mit dem Stock am Rücken krault, werfen sie sich genüsslich in die Suhle. Am 1. Mai findet auf dem Festplatz am Funkturm jährlich das Waldfest des hiesigen Schwarzwaldvereins statt.

36 Die Hoepfner-Burg

Das Neuschwanstein des Bieres

Anlauf wurde genommen. Der Glasfiberstab senkte sich in den Einstichkasten. Er verformte sich durch das Gewicht des Sportlers, der in totaler Spannung die biegsame Kraft nutzte, um über die hohe Latte elegant und ohne Abwurf hinwegzugleiten … das war Stabhochsprung in Vollendung.

In der Hoepfner-Burg gab es diese Disziplin einmal im Jahr exklusiv. Bei der »Hoepfner Sports Night« präsentierte sich in der Fächerstadt gern die Weltelite am Stab. Schade, aber eine Neuauflage dieser Veranstaltung ist nicht in Sicht. Gesponsert wird allerdings noch gern, wie beispielsweise Fußball, Tischtennis, Tennis, Rugby, Ringen, Motoball oder Ironman-Triathlon.

Das Hoepfner-Burgfest konnte bisher jedoch nichts erschüttern. Es findet immer in den Pfingsttagen statt. Die Brauerei öffnet dann ihre Tore mit Musik, Spiel und Programm, die Wirte servieren Spezialitäten, und alle Biersorten gibt's vom Fass. Die »Bierburg« ist bei solchen Events immer bis auf die hinterste Bank belegt. Dann winken keine Burgfräulein, sondern volle Bierkrüge. Es kämpfen keine Ritter auf Rössern um die Gunst der holden Maid, sondern man reitet den Drahtesel bis hierher und kämpft um einen Platz auf der Bierbank.

Bereits 1849 kam Brauer Hoepfner aus Eggenstein nach Karlsruhe. 1896 bis 1898 entstand dann das »Brau-Neuschwanstein« aus rotem Maulbronner Sandstein im Rintheimer Feld. Die Brauereigaststätte Hoepfner-Burghof bietet nicht nur Gastronomie in historischem Ambiente, sondern auch moderne Hotelzimmer. Die Privatbrauerei Hoepfner erlebte über die Jahrzehnte viele Höhen und Tiefen – der Markt ist hart umkämpft –, konnte sich aber dennoch mit einem breiten, innovativen und oft prämierten Biersortiment am Markt behaupten. Die Malzfabrik verlor jedoch ihre Eigenständigkeit, und die Brauerei wurde von einer Holding übernommen. Gebraut wird in der Burg aber weiterhin, was der Sud hergibt.

Adresse Haid-und-Neu-Straße 18, 76131 Karlsruhe-Oststadt, www.hoepfner.de | **ÖPNV** Straßenbahn 4, 6, S 2, 5E, Haltestelle Hauptfriedhof | **Öffnungszeiten** Küche im Burghof: täglich 11.30 – 22 Uhr | **Tipp** Wer nicht ganz so gediegen einkehren möchte, der sollte sich eine Kneipe im studentisch geprägten Karree zwischen Karl-Wilhelm-Straße, Georg-Friedrich-Straße und Durlacher Allee aussuchen.

37__Die Hof-Apotheke

Einstige Leibapotheke mit viel historischer Seele

Das ist schon ein verdammt spitzes Tortenschnittchen von einem Haus!

Dennoch strahlt es erhabene Würde aus und ist ein wunderbares Jugendstilgebäude aus rotem Buntsandstein. Es wurde gleich zu Beginn des letzten Jahrhunderts von Hermann Billing erbaut. Die Anfänge der Hof-Apotheke liegen sehr viel weiter zurück, denn schon 1718 startete sie als Leibapotheke bei Hofe direkt im markgräflichen Schloss. Dann zog sie um ins Palais der Markgräfin Amalie (war einst grad gegenüber) und zog 1901 endgültig in die Spitze des Hauses an der Ecke Waldstraße / Kaiserstraße. Erst 1833 wurde sie von der Leibapotheke in eine öffentliche Apotheke umgewandelt, die Zeiten änderten sich. Auch der Normalbürger kaufte jetzt Arzneien. Ein Trend, der sich in ungeahnter Weise erfolgreich fortsetzte. Apotheken, so weit das Auge reicht …

Auch heute noch kauft man gern Arzneien in der ältesten Apotheke der Stadt, wobei sich das Sortiment natürlich den modernen Kundenwünschen angepasst hat. Die Fassade des Baus hat viele schöne Details, Ornamente, einen Erker mit kleinem Turm und eine Dachterrasse. Betritt man das Geschäft, kann man zudem noch viel altes Interieur bewundern. Eine schöne Jugendstil-Wendeltreppe schraubt sich in den ersten Stock, wo getrocknete Heilpflanzen zum Teil noch immer in Behältnissen aus dem 18. Jahrhundert gelagert werden. Hier oben befindet sich eine kleine Wundertüte des historischen Apotheker-Schaffens. Auch unten im Verkaufsraum existiert neben modernem Neubestand erstaunlich viel Althergebrachtes. Es gibt den ehemals gasbetriebenen Jugendstil-Leuchter über dem Tresen und alte Regale mit Arzneifläschchen zu bewundern.

Gleich nebenan befinden sich zwei der ältesten Ladengeschäfte Karlsruhes. »Schirm Weinig« war schon seit 1840 Hoflieferant, und auch der Juwelier »Kamphues« arbeitete für den badischen Hof – heute erste Adresse für exquisite Uhren.

Adresse Kaiserstraße 201, 76133 Karlsruhe-Innenstadt-West, www.hof-apotheke-karlsruhe.de | **ÖPNV** Straßenbahn 1, 4, 5, S 1, S 2, S 5, S 11, S 51, Haltestelle Herrenstraße | **Öffnungszeiten** Mo – Fr 8.30 – 20 Uhr und Sa 9.30 – 18 Uhr | **Tipp** Ganz in der Nähe, in der Kaiserstraße 116, befindet sich noch ein traditionsreiches Geschäft (seit 1830) zum »Behüten«: »Hut Nagel« mit Kopfbedeckungen für jeden Anlass.

38 __ Das Hofgut Maxau

Ein Masterplan nimmt Gestalt an

Manchmal kann man den Namen Maxau im Radio hören. Immer dann nämlich, wenn nach unwetterartigen Regenfällen der Wasserpegel des Rheins bedenklich wird und die Wasserstände für die Schifffahrt durchgegeben werden. Der Pegel Maxau bei Rheinkilometer 362,32 ist da ein wichtiger Bezugspunkt auf der »Tulla'schen Rheingerade«.

Erst nach Tullas Begradigung des Stroms fielen die drei Rheininseln Abtsgründel, Langengrund und Katersgrund plötzlich ans großherzogliche Baden. Mit einem leichten Augenzwinkern ist Maxau also in gewisser Weise von der Pfalz »geklautes Land«. Markgraf Maximilian von Baden, der Namensgeber für Maxau, kaufte 1835 sogleich dieses Neuland. Er ließ die Inseln verbinden, ein heute nicht mehr existierendes Lustschlösschen bauen und ein Hofgut am Rhein errichten, wo Ackerbau und Viehzucht betrieben wurden. Dazu gehören auch der Knielinger See, der Teil eines Naturschutzgebietes ist, und Auenwälder. Im Hofgut selbst ist das Knielinger Heimatmuseum im ehemaligen Hühnerstall untergebracht. Ein lebendiger Ort mit Exponaten zur Alltagsgeschichte, mit Kulturveranstaltungen und Museumsfest. Früher gab es auf dem Hof auch eine Gaststätte. Sie soll in Zukunft wiederbelebt werden, denn mittlerweile gehört das Hofgut Maxau zum großen Masterplan KA 2015 und ist vor ein paar Jahren aus der Hand des Hauses Baden in den Besitz der Stadt übergegangen. Ein funktionierender Hofbetrieb mit Ackerbau wie unter den langjährigen ehemaligen Pächtern, die zugleich Pioniere erneuerbarer Energien waren, wird weiterhin angestrebt.

Das Hofgut soll zusätzlich Mittelpunkt des neuen »Landschaftspark Rhein« werden. Das Museum, eine neue Spielplatzanlage, Bänke und Sitzstufen auf dem Hochwasserdamm und demnächst wieder eine Einkehrmöglichkeit sollen das abrunden … Die Stadt holt sich hier ein Stück Rhein zurück ins Bewusstsein, sehr ansprechend für Familien. Prima Promenade!

Adresse Hofgut Maxau, 76187 Karlsruhe-Maxau, www.museum.knielingen.de | **ÖPNV**
Straßenbahnen S 5, S 52, R 51, RE 6, Haltestelle Maxau | **Öffnungszeiten** Museum:
Juni–Sept. So 14–17 Uhr, Gruppenführungen außerhalb der Öffnungszeiten, Anmeldung
unter Tel. 0721/562269 | **Tipp** In der Abendsonne spaziert es sich hier besonders schön,
auch ein Abstecher zum nahen Yachthafen und zum Rheinhafen lohnt sich, da wirkt
Karlsruhe sogar ein bisschen maritim.

39 Der Indianer-Brunnen

Mit Buffalo Bill in den wilden Süden der Stadt

Der Indianer-Brunnen, erbaut 1924 bis 1927, ist das gefühlte Epizentrum der multikulturellen Vielfalt in Karlsruhe. Er befindet sich auf dem mit großen Kastanien bestandenen Werderplatz im Herzen der pulsierenden Südstadt. Die Idee, einen Brunnen zu setzen, entwickelte sich aufgrund eines bautechnischen Problems zum Thema »menschliche Bedürfnisse«. Die öffentlichen Toiletten konnten nicht tief genug unter die Erde verlegt werden, man brauchte oberirdisch eine hübsche »Verkleidung«. Die Idee, ausgerechnet einen Indianerkopf vom Bildhauer August Meyerhuber erschaffen zu lassen, entstand durch das 1890 wohl sehr inspirierende Gastspiel »Buffalo Bills« mit seiner Wildwest-Truppe in Karlsruhe.

Der Indianer-Brunnen hat zwei Gesichter. Seine ernste Hälfte schaut zur Johanniskirche, die lächelnde schaut gen Wolfbräu-Wirtshaus. Zunächst machte sich Unmut breit unter den Bewohnern, denn man wollte durch diesen Brunnen nicht abwertend als sogenannte »Südstadt-Indianer« bezeichnet werden. Als Bahnarbeitersiedlung südlich des ehemaligen Bahnhofs, der damals auf der Höhe des heutigen Staatstheaters lag, war dieser Ortsteil ein benachteiligter sozialer Brennpunkt mit sehr kleinen Wohnungen und schlechter Verkehrsanbindung über die Gleise hinweg zur Stadtmitte. 1913 verlegte man dann den Bahnhof wegen erhöhten Gleisbedarfs kurzerhand nach Süden an seinen heutigen Standort. Aus der Südstadt wurde eine Art »Nordstadt«. Der Indianer-Brunnen wurde dennoch errichtet, und die Bezeichnung »Südstadt-Indianer« schafft heute eine sehr hohe Identifizierung mit dem Ortsteil. Ein weiteres Denkmal, »Drei Pfeile für die Südstadt« (von Norbert Huwer, 2004), unterstreicht das.

Die Südstadt blieb in Teilen sozialer Brennpunkt, doch die zahlreichen Bars, Lokale, der Wochenmarkt auf dem Werderplatz, alternative und schräge Läden sowie das bunte Multikulti-Flair schaffen eine tolle Atmosphäre rund um diesen Brunnen.

Adresse Werderplatz, 76137 Karlsruhe-Südstadt | **ÖPNV** Straßenbahn 2, S 1, S 4, S 11, S 41, S 51, Haltestelle Werderstraße | **Öffnungszeiten** Markttage auf dem Werderplatz: Di, Fr und Sa 7.30 – 14 Uhr | **Tipp** Der lachende Indianer blickt auf den Veranstaltungsort des KOHI-Kulturraum Vereins, dessen Mitglieder ein buntes und interessantes Programm zusammenstellen (www.kohi.de).

40 Die Junge Kunsthalle

Mitmachmuseum mit Ausstellungen fürs junge Publikum

Es gibt in diversen Städten große kindgerechte Ausstellungen, die toll aufbereitet, aber hoffnungslos dem Besucherandrang ausgeliefert sind. Da erhascht der Besucher vor lauter Rücken oder Beinen, je nach eigener Größe, immer nur flüchtige Blicke auf die Exponate. Die Junge Kunsthalle bietet dagegen völlig unaufgeregt Kunst zum Anfassen und Selbermachen. Dies ist oft das kindgerechte Begleitprogramm der aktuellen Sonderausstellungen des großen Hauses, der Staatlichen Kunsthalle. Die Eingänge der vom Residenzbaumeister Heinrich Hübsch einst errichteten Gebäude sind in Reihe geschaltet: Orangerie, Junge Kunsthalle, Staatliche Kunsthalle. Hinter den historischen Mauern ist also eine Ausstellung altehrwürdig, die andere jung und spritzig, und die Orangerie schafft den Brückenschlag in die »Klassische Moderne«. Das badische Fürstenhaus verfügte bereits unter Markgräfin Karoline Luise (1723–1783) über eine umfangreiche Gemäldesammlung. Die Staatliche Kunsthalle (erbaut von 1836 bis 1846) gehört somit zu den ältesten Museumsbauten in Deutschland.

Schon 1973 versuchte man das Motto »Museum macht Spaß« unters junge Volk zu bringen. Es folgten zahlreiche Ausstellungen, die junge Wilde hin zu alten Meistern führen sollten. Das Motto blieb, die Methodik und Ausstellungspädagogik hat sich natürlich immer weiterentwickelt und schließt mittlerweile auch neue Medien und moderne Technik mit ein. Das erklärte Ziel ist, jungen Menschen unprätentiös Kunst und eigene Kreativität auf Basis der betrachteten Gemälde oder Kunstobjekte nahezubringen. Kunst- und Kultur-Wissen wird hier anschaulich und spielerisch angeboten.

Das Gute am Konzept dieses jungen Museums ist, dass es Besucher nicht mit Eindrücken überfrachtet. Auch die Kleinsten haben hier oft schon ihren Spaß, und Jugendliche bekommen kreative Impulse, auch in Ferienprogrammen. Also: interessant für die ganze Familie!

Adresse Staatliche Kunsthalle, Hans-Thoma-Straße 4, 76133 Karlsruhe-Innenstadt-West, www.kunsthalle-karlsruhe.de | **ÖPNV** Straßenbahn 1–6, S 1, S 2, S 5, S 11, S 51, S 52, Haltestelle Europaplatz | **Öffnungszeiten** Di–So 10–18 Uhr | **Tipp** Für die Kunsthalle besuchende Eltern gibt es immer am 1. Mittwoch im Monat ein Kinderbetreuungs-Angebot von 10.30 bis 12.30 Uhr, und es gibt generell eine Familienlounge im Hauptgebäude. Das Stadtmuseum im Prinz-Max-Palais, Karlstraße 10, ist ganz in der Nähe und natürlich auch einen Besuch wert, genauso wie das dortige Café.

41 Das Karlsruher Mundwerk

Hier wird der Mund weit aufgerissen

Hier geht es nicht um die Karlsruher Mundart, das »Briganten-deutsch« oder das Oberdeutsche Fränkisch. Nein, »des isch« sozu-sagen etwas »annerschder«, denn es handelt sich hierbei um eine Skulptur im nördlichen Hardtwald.

Das Kunstwerk »Karlsruher Mundwerk« entstand im wahrsten Sinne durch den Einfluss von Naturgewalten und unterliegt auch weiterhin den Launen der Natur. Wind und Wetter nagen an den Holzzähnen wie Karies. Der fatale Orkan »Lothar«, der auch Karls-ruhe im Dezember 1999 heimsuchte, brachte neben anderen Schäden auch viel umgestürztes Sturmholz in den Hardtwald. Die Karlsruher Künstlerin Patricia Blum schuf daraus im Jahr 2000 das wohl größte Gebiss der Welt, eine großmaßstäbige Skulptur aus heimischer Ei-che auf einer kleinen Waldlichtung. Blickfang ist der Zahnbürstenstiel aus blauen Majolika-Fliesen mit Hainbuchen-Bürstenkopf, der genau zwischen Ober- und Unterkiefer liegt. Die Zahnbürste ist – wie der Sonnenfächer Karlsruhes – zum Schloss hin ausgerichtet. Das Zahn-fleisch des überdimensionierten Gebisses besteht aus Rheinkiesel-steinen, und jeder einzelne Holzzahn wurde mit der Kettensäge oder anderen Werkzeugen bearbeitet und an zahntechnisch korrekter Po-sition im Riesenkiefer platziert. Die Künstlerin hat dem Orkan damit buchstäblich auf den Zahn gefühlt. Bei der Eröffnungsfeier wurde ein Zahnloch vorsorglich »plombiert«, mit einer Gold-Keramikfüllung.

Die »Umweltparodontose« befiel die Skulptur dann aber so stark, dass sie 2006 saniert werden musste. Der Frost hatte die Fliesen ge-sprengt, die dann durch neue strahlend blaue Exemplare ersetzt wur-den. Durch ein anderes Brennverfahren hofft man auf längere Halt-barkeit im Außenbereich. Ein Erhalt der Skulptur ist in jedem Fall erstrebenswert, weil das 30 Meter lange und etwa 20 Meter breite Kunstwerk sogar im Guinnessbuch der Rekorde Erwähnung fand.

Adresse Nähe Waldparkplatz »Königsberger Straße« an der Theodor-Heuss-Allee, 76139 Karlsruhe-Waldstadt, www.karlsruher-mundwerk.de | **ÖPNV** Straßenbahn 4, Haltestelle Glogauer Straße | **Tipp** Es lässt sich eine schöne Radrunde anschließen mit Stationen wie: Pfinz-Entlastungskanal, Eggenstein, Rheinufer, Kleiner Bodensee und über den Alten Flugplatz zurück.

42 Die Käuze

Von einem, der sich aufmachte für Kultur und Sport

Carl Kaufmann, der leider 2008 verstorbene Gründer der Käuze, hat eine sehr beeindruckende Vita zu bieten. Er erblickte das Licht der Welt 1936 in Brooklyn, New York, denn die Eltern waren Auswanderer. Die Familie konnte später nach einem Besuch in Deutschland das Land nicht wieder Richtung neue Heimat verlassen, der Zweite Weltkrieg vereitelte die Rückreise. Die Familie ließ sich in Karlsruhe nieder.

»Charly« Kaufmann war offenbar ein ebenso musikalisch wie sportlich talentierter junger Mann. Nach dem Abi am Bismarck-Gymnasium studierte er Gesang in Karlsruhe und schloss dort als Tenor ab. Beim Fußball fiel er unterdessen mit seiner Laufschnelligkeit auf und wechselte später sehr erfolgreich zur Leichtathletik. Über die kurzen Sprintdistanzen 100 und 200 Meter holte er mehrfach deutsche Meistertitel sowie einen als Europameister. Wiederholte Verletzungen zwangen ihn, auf die 400-Meter-Strecke zu wechseln, was ihn zu seinem größten Erfolg führte: Bei der Olympiade in Rom lief er die Aschenbahn-Stadionrunde zusammen mit Otis Davis in nur 44,9 Sekunden – ein spektakulärer Weltrekord. Die Einführung der elektronischen Zeitmessung machte Kaufmann hauchdünn zum Silbermedaillen-Gewinner. Da Kaufmann auch Schlagersänger und ein unbedarfter Sonnyboy war, brauchte er für Klatsch und Tratsch nicht zu sorgen.

Heutige Spitzensportler hätten findige Berater, die diesen Erfolg gewinnbringend mit Werbeverträgen vergoldeten. Aber damals galt: »Von Medaillen kann man keine Brötchen backen.« Nach Rom trat der Gesang in den Hintergrund. Carl Kaufmann machte ein Examen als Lehrer. Doch damit nicht genug, er war Mitbegründer des Vereins SSC Karlsruhe und gründete 1967 das Amateur-Kellertheater »Die Käuze«, das er bis zu seinem Tod leitete. Die Käuze bieten Dramen, Komödien, Kinder-/Jugendtheater sowie Märchen. Auch Jungkäuze können sich hier ausprobieren.

Adresse Königsberger Straße 9, 76139 Karlsruhe-Waldstadt, www.kaeuze-theater.de |
ÖPNV Straßenbahn 4, Haltestelle Glogauer Straße | **Tipp** Der Sportpark am Fächerbad
liegt südlich der Waldstadt und bietet Sportanlagen in Hülle und Fülle mit Innen- und
Außenbereichen sowie Spielplätzen. Kunstturnen, Klettern, Badminton, Schwimmen …
Kultur und Sport nebeneinander ganz im Sinne Kaufmanns. Das Leichtathletikstadion in
der Südweststadt wird jetzt Carl-Kaufmann-Stadion heißen.

43 Der Kleine Bodensee

Ein großer Name für einen kleinen Altrheinarm

Naturschutzgebiet und Industriehafen sind am »Altrhein Kleiner Bodensee« auf Tuchfühlung gegangen. Die Mineralölraffinerie nordwestlich von Neureut dominiert ein riesiges Areal direkt am Rhein. Sie hat einen eigenen Ölhafen, in dem alle Ölprodukte und auch Gas umgeschlagen werden. Dieser Hafen besteht seit 1963 und hat zu Spitzenzeiten einen jährlichen Umschlag von mehr als neun Millionen Tonnen aufgewiesen. Durch die Fusionen der Raffinerien in Karlsruhe ging dieser Umschlag stark zurück, er macht aber immer noch den Löwenanteil der Karlsruher Häfen insgesamt aus. Aus der Luft und auf der Karte fällt das Gelände durch die unzähligen runden Gas- und Öltanks auf, die von oben wie etwas zu regelmäßige Pubertätspickel aussehen. Lecksicherungssysteme und Einzel-Eindeichungen der Tanks schützen vor Ölaustritt und Hochwassereintritt. Nur so ist es möglich, den Rhein, die Landschaftsflächen drumrum und den danebenliegenden Naturlebensraum vor »ungünstigen Eventualitäten« zu schützen.

Der Kleine Bodensee ist ein Naturparadies, entstanden aus einer ehemaligen Altrheinschlinge. Der Rhein hat vor etwa 200 Jahren »beschlossen«, sein Flussbett zu verlagern, und damit versandete diese Schlinge und wurde zum See. Die Verlandung nimmt weiter ihren Lauf durch abgestorbene Äste und sich ausbreitendes Schilf. Ein Lebensraum, der sich auf natürliche Weise stets verändert.

Vor Tullas Rheinbegradigung änderte der in großen Mäandern fließende Rhein immer wieder seinen Lauf und wechselte das Flussbett nach starken Hochwassern. Tulla bereitete dem ein Ende. Das Biotop Kleiner Bodensee konnte sich abseits der Stadt und in direkter Nachbarschaft zur Raffinerie behaupten, da der große Freizeittreck der Karlsruher eben nicht die Nähe zu angrenzenden Industrielandschaften sucht. Gut für den Altrhein-Bogen, dass viele dadurch einen Bogen um ihn machen. Flora und Fauna freuen sich über die Ruhe.

Adresse nordöstlich des Ölhafens, 76149 Karlsruhe-Neureut | **ÖPNV** Straßenbahn S 1, S 11, Haltestelle Kirchfeld oder Eggenstein-Süd | **Tipp** Es ist ratsam, ein Fernglas einzupacken, dann hat man größere Chancen, die gefährdeten Pflanzen und Tiere für beide Seiten ungestört zu entdecken. Das etwas nordöstlich gelegene Fischerheim Eggenstein, Kopfweg 4, hält Leckeres aus dem Wasser bereit, und im Eggensteiner Baggersee kann man baden.

44 Die Kleine Stadtkirche
Ort der Stille inmitten der Shoppingmeile

Die meisten Menschen eilen schnellen Schrittes durch die Kaiserstraße. Jeder ist bepackt mit Tasche oder Tüte, hat die Zeit im Nacken und das Smartphone in der Hand. Die Leute sind entweder auf dem Arbeitsweg oder im Einkaufswahn. Eile, Hetze und Gewimmel.

Aber halt: Es gibt da ein Gebäude, das aus dem gleichförmigen Geschäftshaus-Rahmen fällt. Es hat keine großen Schaufensterfronten und keine attraktiven Auslagen zu bieten. Man kann auch nichts kaufen, man kann hier etwas gewinnen. Nein, keine Lotterie, keine Lose. Man kann Ruhe gewinnen und etwas Zeit der Stille.

Es ist die leicht nach hinten versetzte Kleine Kirche. Sie ist die kleine Schwester der großen Stadtkirche am Marktplatz und wird ebenfalls von der evangelischen Alt- und Mittelstadtgemeinde genutzt. Die Kleine Kirche ist ein sehr schöner Bau aus rotem Sandstein. Das Vorgängermodell war aus Holz konstruiert und ein Geschenk des Markgrafen Karl Wilhelm an Schwiegertochter Prinzessin Amalie, die reformierten Glaubens war. Am Holzbau nagte schnell der Zahn der Zeit, und so wurde 1773 bis 1776 die heutige Kleine Kirche von Jeremias Müller erbaut. Im Zweiten Weltkrieg wurde sie zur Hälfte zerstört, dann aber fast im ursprünglichen Erscheinungsbild wiederaufgebaut. 1996 wurde ihr Innenleben hell und einladend renoviert und ist seither eben jener Ort der Stille.

Jeden Freitagmittag wird die Stille allerdings angenehm unterbrochen. Studierende der Musikhochschule nutzen die Möglichkeit der Mittagskonzerte für erste öffentliche Auftritte, und das Publikum genießt im Gegenzug klassische Musik zu freiem Eintritt. Eine Kirche zum Verweilen, mal still, mal klangvoll. Der dahinterliegende Kirchplatz wird dagegen in den warmen Monaten weltlich und lautstark als Biergarten vom Lokal Litfaß genutzt. Auch schön! Die Gäste werden dabei durch die »Marktfrau«-Skulptur von einer Säule herab kritisch beäugt.

Adresse Kaiserstraße 131, 76133 Karlsruhe-Innenstadt-West, www.stadtkirche-karlsruhe.de |
ÖPNV Straßenbahn 1, 4, 5, S 1, S 2, S 5, S 11, S 51, Haltestelle Marktplatz | **Öffnungs-**
zeiten Mo–Sa 11–17 Uhr und zu allen Gottesdiensten geöffnet | **Tipp** Es lohnt sich, das
interessante Veranstaltungsprogramm der Gemeinde im Auge zu behalten. Die süßen
»weltlichen« Eis-Genüsse kann man gleich nebenan im Eiscafé Pierod erhalten, Kaiserstraße 133.

45 __ Die Kletterhallen

Keine Alpen in Sicht, dafür aber genügend Griffe

Wer Familienserien wie »Die Bergretter« liebt, der kennt dieses »Cliffhanger«-Gefühl zumindest schon mal aus dem Fernsehen und vom bequemen Sofa aus. Abstürze gibt es zum Glück nur im Film und dann möglichst in die Arme der Kletterprofis …

Klettern ist offensichtlich eine Passion vieler Stadtbewohner. In Karlsruhe existieren gleich zwei große Kletterhallen. Manch andere Stadt wäre ja schon froh, eine davon zu haben. Beide Hallen zusammen verfügen über insgesamt etwa 3.000 Quadratmeter Kletterfläche und ungefähr 300 verschiedene Kletterrouten mit unterschiedlichen Schwierigkeitsgraden. Kein schlechter Schnitt im Indoor-Kletterbereich.

Die eine Halle ist vom DAV, Teil des Sportzentrums rund um das Fächerbad und nennt sich »Art of Climbing«. Die andere hat den Charme einer Industriehalle und heißt »The Rock«. In beiden Hallen kann man als Anfänger beginnen, eingeführt durch geschulte Instructor, oder man kann als Profi und unter Wettkampfbedingungen durchstarten. Große Boulderbereiche stehen ebenfalls zur Verfügung. Das lässt das Herz eines Klettermaxen höherschlagen.

Die Sektion des Alpenvereins in Karlsruhe ist schon lang aktiv, bereits seit 1870.

Damals war Klettern nur outdoor möglich, wobei man dafür nicht zwanghaft in die Alpen reisen muss. Die Pfälzer Buntsandsteinfelsen und der Battert bei Baden-Baden sind bis heute absolut angesagte Kletter-Hotspots in der Region. Schon 1926 erschien der erste Kletterführer »Der Battert«, herausgegeben von der DAV-Sektion Karlsruhe. An schönen Tagen hängen dort an nahezu jedem sonnigen Felsvorsprung bunte Grüppchen wie Eidechsen in der Wand. Sie sind mit Helmen, Seilen und mit allerhand Karabinern und »Friends« als Sicherungstools am Klettergurt ausgerüstet. Wen das anspricht, der hat die Chance, in den Hallen zu üben, der Rest begnügt sich mit Action vom Sofa aus.

Adresse DAV-Halle: Am Fächerbad 2, 76131 Karlsruhe-Hagsfeld, www.alpenverein-karlsruhe.de, The Rock: Ziegelstraße 1, 76185 Karlsruhe-Mühlburg, www.kletterhalle-karlsruhe.de | **ÖPNV** Straßenbahn zur DAV-Halle: Linie 4, Haltestelle Fächerbad; zu The Rock: Linie 5, Haltestelle Mühlburger Feld | **Öffnungszeiten** DAV-Halle: Mo–Fr 15–23 Uhr, Sa, So 10–22 Uhr; The Rock: täglich 10–23 Uhr, Schnupperklettern unter DAV-Tel. 0721/96879510, The-Rock-Tel. 0721/5695482 | **Tipp** Wer lieber Spielaction mag, der sollte die Laserbase, Liststraße 24, besuchen und dort auf 220 Quadratmetern beim Lasertag mit einem »Tagger« Punkte sammeln.

46 __ Kofflers Heuriger
Österreichische Schmankerl in Nordbaden

Die Berge, die frische Höhenluft und der atemberaubende Ausblick fehlen an der Straßenecke in Rüppurr. Rustikal und alpenländisch wirkt das Hotel-Restaurant jedoch schon auf den ersten Blick. Das Haus erscheint wie frisch aus Österreich hierher»gebeamt«. Mit dunklem Holz verkleidete Obergeschosse, rot-weiße Holzfensterläden und ein Namenszug im Berggasthof-Schrifttypus. Davor wehen große Bier-Fahnen im Wind. Der rustikale Biergarten mit Geranienkästen im Innenhof lockt im Sommer ganz gediegen die Gäste an. Zusätzlich rufen wahrscheinlich die Papageien in der großen Voliere übersetzt: »Hereinspaziert!«

Das Hotel-Restaurant wird liebevoll und familiär schon in zweiter Generation geführt und bietet in den oberen Etagen Gästezimmer, die zum Teil sogar mit Himmelbett ausgestattet sind. Die Idee, die Küche Österreichs so weit nördlich im Badischen zu zelebrieren, war einzigartig und offensichtlich erfolgreich. Die Familie ist dem Konzept treu geblieben, und es werden weiterhin deftige Schmankerl serviert. Ein weiteres Steckenpferd ist die eigene Hausschlachterei. Nur so sind die eigenen Wurstspezialitäten möglich. Die Heurigen-Küche bietet aber auch Backhendl, Schlutzkrapfen, Fleischpflanzerl, Schnitzel, Germknödel und natürlich Kaiserschmarrn. Die Innenräume des Lokals sind sehr gemütlich und holzbetont. Ein grüner Kachelofen und ein offener Kamin schaffen zusätzlich Atmosphäre.

Das klingt und schmeckt nach Urlaub in den Bergen. Man muss also gar nicht die stark befahrene Autobahn A 8 Richtung Alpen bemühen, um an manchen Tagen Alpenfeeling zu genießen. Es reicht ein Ausflug an die Alb. Gerade hier ums Eck zwischen Weiherfeld und Ettlingen sind die Albwiesen ein sehr schönes Naherholungsgebiet. Radfahrer, Inliner und Familien mit Kinderwagen sind gern unterwegs am Bächle. Der zünftige Einkehrschwung wäre auch gesichert und ist zum Jodeln gut.

Adresse Lange Straße 1, 76199 Karlsruhe-Rüppurr, www.kofflers-heuriger.de | **ÖPNV**
Straßenbahn S 1, S 11, Haltestelle Tulpenstraße | **Öffnungszeiten** 7 – 24 Uhr, Hotel-
Frühstück, Mittagstisch und Abendkarte | **Tipp** Der Spazier- und Radweg an der Alb
ist wunderbar, und ein vorheriger Besuch im nahen Freibad Rüppurr bietet sich an.

47 Das Kulturzentrum Tempel

Tanz statt Bier, das gönn ich mir

Viel Auftrieb herrschte vor mehr als 100 Jahren vor den Toren der Seldeneck'schen Brauerei; mit veritablen Männern auf Kutschböcken, die Bierfässer mit ihren Gespannen transportierten. Karlsruhe war zu jener Zeit mit rund 30 Brauereien eine der größten deutschen Bierproduktionsstätten. Die vielen eigenständigen Brauereien hielten der zunehmenden internationalen Konkurrenz irgendwann nicht mehr stand, wurden aufgekauft, fusionierten oder mussten aufgegeben werden. Die Seldeneck'sche Brauerei wurde als älteste Brauerei der Stadt schon 1770 vom Prinzen Wilhelm Ludwig, dem Bruder des späteren Großherzogs Karl Friedrich von Baden, in Mühlburg gegründet. Seine nicht adlige Gattin erhielt ein »Upgrade« auf ihren bürgerlichen Namen und hieß fortan Freiin von Seldeneck, abgeleitet von einem erloschenen Adelsgeschlecht. Das Freigut Seldeneck und die Brauerei florierten viele Jahre üppig, bis die Braurechte 1921 verkauft wurden. Die Seldeneck'sche Branntweinproduktion wurde nach Gengenbach verlagert. Das Herrenhaus und Teile der alten Produktionsstätten gehören heute zur Obstbrand-Destillerie Kammer-Kirsch, die mit dem hochprozentigen »Freiherrn von Seldeneck« noch einen Namensvetter im Programm hat. Der größte Teil des Geländes diente nachfolgend als Konservenfabrik.

So gar nicht aus der Konserve ist die heutige Nutzung als soziokulturelles Zentrum. Hier finden Veranstaltungen aus den Bereichen Musik, Tanz und Kunst statt, das jährliche Tanzfestival ist viel beachtet und auf internationalem Niveau. Die Musikszene trifft sich im »Scenario« zu Konzerten aller Facetten. Auf der Tanztribüne hat man die Gelegenheit, fast alle Tanzarten zu erlernen, und für Bands stehen Proberäume zur Verfügung. Man kann hier, bezogen auf kulturelle Impulse, wirklich nicht behaupten, es gäbe »im Westen nichts Neues«, gerade hier im westlichen Karlsruhe ist Platz für kulturellen Freisinn.

Adresse Hardtstraße 37a, 76185 Karlsruhe-Mühlburg, www.kulturverein-tempel.de | **ÖPNV** Straßenbahn S 2, S 5, S 52, 5, 6, Haltestelle Entenfang | **Öffnungszeiten** je nach Programm, siehe Homepage | **Tipp** Auch das Musikprojekt »Vereinsheim« gastiert regelmäßig mit einzigartigen Konzerten. Einkehr: Das nahe Gasthaus zum Ritter, Hardtstraße 25, ist ein klassisches Lokal am Eck und bietet Pizza aus dem Steinofen und vieles mehr mit Biergarten im begrünten Hinterhof.

48 Der Landgraben
Blackbox-Einstieg in die Unterwelt

Ein stürmischer Novemberabend. Auf dem Sofas sitzend, Chipstüte in der Hand, starrt man gebannt auf den Fernseher. Die Handlung des Films spielt in einem Sandstein-Gewölbekanal unter der Erde. Wasser fließt neben dem schmalen Steg, Wasser tropft von der Decke … dann ein Schuss … der Tote stürzt in die Rinne.

Solch eine Krimiszene könnte in Karlsruhe am Landgraben spielen. Der Karlsruher nutzt diesen Kanal unbewusst sehr häufig, und doch wissen nur die wenigsten etwas über ihn. Der Entwässerungskanal war lange vor der Residenzstadt da (Baubeginn 1588) und zieht sich von Osten nach Westen quer durch die Stadt. Zunächst war der Kanal offen. Er wurde zur Pfinz Richtung Osten führend als sogenannter Steinkanal zum Abtransport von Steinen und Holz verlängert. Es durften alle Abwasser außer Fäkalien eingeleitet werden, was die stark zunehmende Bevölkerung auch munter tat. Ein Müller bekam zu dieser Zeit zusätzlich das Recht, Wasser zu stauen. Dies ging so lang gut, bis die braune und träge fließende Brühe zum Himmel stank. Abhilfe schuf ein Gewölbe über dem Kanal, das die Anwohner größtenteils selber zahlten. Schnell wurde klar, dass dies auf Dauer auch keine Lösung war. In der zweiten Hälfte des 19. Jahrhunderts wurde an den Landgraben dann umfassend Hand angelegt. Die Stadt kaufte die Wasserrechte vom Müller zu einer »seine Nase vergoldenden« Summe wieder zurück und vertiefte und befestigte den Kanal.

Es begann der systematische Ausbau zu einem funktionierenden Kanalisationsnetz, das durchaus auch als Fluchtweg genutzt werden könnte. Die Sperrgitter an den Ausgängen machen aber die Falle zu. Mit zunehmender Anzahl der Wasserklosetts nahmen die Fäkalien zu, und 1913 wurde daher das Klärwerk in Betrieb genommen. Am Lameyplatz ist der unscheinbare »Blackbox«-Einstieg in diese Unterwelt, die heute geruchsneutral und nur mit Führung besichtigt werden kann.

Adresse Lameyplatz, 76185 Karlsruhe-Mühlburg | **ÖPNV** Straßenbahn S 5, S 51, 5, Haltestelle Lameyplatz | **Öffnungszeiten** nur nach Vereinbarung einer etwa halbstündigen Führung, Tel. 0721/1337441, die Gruppe sollte mindestens 30 Personen betragen | **Tipp** In dieser Gruppenstärke ist es nicht einfach, hinterher noch irgendwo einzukehren, eine sehr ansprechende Möglichkeit ist jedoch nach vorheriger Reservierung das Kesselhaus, Griesbachstraße 10c (www.kesselhaus-ka.de).

49 Das Lessing-Gymnasium

Endlich ließ man sie auf die höhere Schule

Das Bild von der stets tugendhaften Gattin mit bestem hausfrauli-
chen Geschick wurde lang hochgehalten.

Für einige willensstarke und wissbegierige Frauen ging dies nach
der industriellen Revolution bereits viel zu lang so. Sie begehrten
auf, wollten nicht mehr nur ein »Pudding-Abitur«, sondern erstrit-
ten sich den Zugang zum Bildungssystem jenseits der Höheren
Töchterschule. In der Schweiz und in Österreich war man da bereits fortschrittlicher, aber 1893 war es dann auch hier so weit: In
Karlsruhe wurde das erste Gymnasium für Mädchen, das heutige
Lessing-Gymnasium, eingeweiht. Damit war endlich der Weg für
die Frauen an die deutschen Unis und der Einstieg in die akade-
mischen Berufe geebnet. Ein Meilenstein in der Geschichte der
Frauenbildung, auch durch badische Liberalität jener Zeit. In Berlin und Leipzig wurden lediglich vierjährige Gymnasialkurse angeboten für Mädchen über 16 Jahren, die dafür einen Eignungstest
nachweisen mussten.

Für Pionierinnen wie die Frauenrechtlerin Hedwig Kettler war
gleiche Bildung für Frauen und Männer ein allgemeines Menschen-
recht, auf das sie bestand. Ihr Verein »Frauenbildungs-Reform« startete zunächst privat initiiert das Mädchengymnasium im heutigen
Lessing-Gymnasium. Nach Finanznot und Schwierigkeiten in der
Organisation wurde es von der Stadt übernommen und in den Räumen des heutigen Fichte-Gymnasiums öffentlich fortgeführt. 1899
konnten die ersten jungen Damen hier mit Abitur abschließen. Erst
in den 1950er und 60er Jahren wurde die Koedukation von Jungen
und Mädchen an den weiterführenden Schulen eingeführt. Heute sind dagegen reine Mädchengymnasien wie das St.-Dominikus-
Gymnasium in Karlsruhe eher die Ausnahme.

Seit über 100 Jahren gilt Gleichberechtigung in der Bildung – ein
Hoch auf diese Errungenschaft! Verbesserungen in vielen anderen
Bereichen wären allerdings weiterhin wünschenswert.

Adresse Sophienstraße 147, 76135 Karlsruhe-Weststadt, www.lessing-gymnasium-karlsruhe.de | **ÖPNV** Straßenbahn 1, Haltestelle Sophienstraße | **Tipp** Die Schule liegt direkt am Gutenbergplatz. Dort gibt es übrigens eine Pastamanufaktur, die sehr feine Pastagerichte anbietet, Gutenbergstraße 5 (www.papa-corleone.de).

50__Der Lidellplatz

Kein Bermuda-, sondern ein Platz-Dreieck

Die etwas abgegriffene Formulierung »ein Kleinod abseits des Trubels« trifft es bei diesem Platz auf den Punkt. Wie im Bermudadreieck verschwinden hier ein paar Dinge: Lärm, Hektik, schlechte Laune. Der dreieckige Platz hat eine ungewöhnliche Form, bedingt durch den früher offenen Landgraben (heute verläuft er unterirdisch unter dem Platz) und die Fächerführung der Straßen.

Nicht nur die Großen finden das »Quartier Lidell« sehr angenehm, auch die Kleinen. Die lieben den Abenteuerspielplatz und turnen gern um den großen, flachen Brunnen mit seinen sehr einladenden Laufstegen herum. Die spiegelnden Wasserflächen haben einfach ihren Reiz.

Wer noch Literatur braucht, bedient sich leihweise am öffentlichen Bücherschrank, bevor ein sonniges Sitzplätzchen gesucht wird. Sehr entspannt wird hier geplaudert, beispielsweise im Café Palaver des Gewerbehofs, im Café Bohne oder im Gasthaus »Zum kleinen Ketterer«. Bei Kaffee, Salat oder Weinschorle gehen die Gesprächsthemen nicht aus, werden die Sonnenbrillen zurechtgerückt, die Frisuren gezupft oder völlig versunken hinter der Zeitung die Denkerstirn gerunzelt.

Eigentlich hieß der Platz »Spitalplatz«, aber das namengebende Bürgerspital wurde 1912 abgerissen. Christoph Friedrich Lidell gründete für die Armen der Stadt eine Stiftung, die ihnen bei Bedarf einen Krankenhausaufenthalt überhaupt erst ermöglichte. So wurde aus dem Spitalplatz zu seinen Ehren der Lidellplatz, und aus dem Spital wurde nach Abriss und Neubau die »Carl-Hofer-Schule«, eine Städtische Gewerbeschule – ein großzügiger Bau vom Beginn des letzten Jahrhunderts mit dreiteiligem Eingangsportal. Auf dem Platz davor spenden vereinzelt stehende große Bäume Schatten. Der Lidellplatz ist kreisförmig um den Brunnen herum aufwendig gepflastert, das macht ihn optisch und gefühlt irgendwie zur Piazza, zu einem Plätzchen mit Flair.

Adresse Lidellplatz, 76133 Karlsruhe-Innenstadt-Ost | **ÖPNV** Straßenbahn 5, Haltestelle Mendelssohnplatz | **Tipp** Ganz in der Nähe ist das Jubez, ein Kulturzentrum für alle Altersgruppen mit Werkstätten, zwei Bühnen und oft tanzbarem Programm, die Veranstaltungen bieten öfter große Namen (www.jubez.de).

51 Die Luise-Statue

Die »Mutter« des Deutschen Roten Kreuzes

Kaum zu glauben, aber erst 2013, nach 150 Jahren Internationalem Roten Kreuz, wurde dieser Frau ein öffentliches Denkmal im Stadtgebiet gesetzt, die sich mit großem Engagement für die Förderung der Krankenpflege eingesetzt hat und internationale Ehrungen dafür bekam. Es waren bis dahin lediglich eine Straße in der Südstadt und das Luisenheim der DRK-Schwesternschaft nach ihr benannt. In jüngster Zeit also endlich eine große Lebenswerk-Ehrung durch eine Majolika-Büste im Karlsruher Stadtgarten. Es handelt sich um Großherzogin Luise von Baden (1838–1923). Sie war preußische Prinzessin und Tochter des späteren Kaisers Wilhelm I. und seiner Frau Augusta. 1856 heiratete sie den badischen Großherzog Friedrich I., dem sie in Baden-Baden vorgestellt wurde und den sie trotz arrangierter Heirat liebte.

Schon ihre wohltätige Mutter nahm Luise mit zu Kranken- und Armenbesuchen, um ihr einen Blick für Elend und Armut zu vermitteln. Luises Bildung beschränkte sich also nicht nur auf Geisteswissenschaften, auch ihr soziales Bewusstsein wurde gefördert. Luise war eine Frau der Tat mit preußischer Entschlossenheit in sozialen Bereichen.

1859 gründete sie den ersten badischen Frauenverein. Nicht um das Frauenbild ihrer Zeit zu verändern, da blieb sie konservativ. Der Anlass war der sogenannte »Italienische Krieg« mit vielen Verwundeten und erkrankten Soldaten sowie notleidender Zivilbevölkerung. Das war der Startschuss für eine lange Tradition als Hilfsverein und Vorbild für das Rote Kreuz.

Unter Luises Federführung entwickelte sich der Frauenverein weiter und breitete sich aus. Armen-, Kranken-, Arbeiterinnen-, Gefangenen- und Säuglingsfürsorge kamen hinzu, ebenso die Tuberkulosebekämpfung und Schwesternausbildung. 1863 gründete Henry Dunant die internationale Rotkreuz-Bewegung, der sich 1866 der badische Frauenverein anschloss.

Adresse nördlicher Zoologischer Stadtgarten, Ettlinger Straße 6, 76137 Karlsruhe-Südweststadt | **ÖPNV** Straßenbahn 2, S 1, S 4, S 11, S 41, Haltestelle Werderstraße | Öffnungszeiten 9 – 16 Uhr (Winter), 8 – 18 Uhr (Sommer) | **Tipp** Es gibt immer noch eine wohltätige Großherzogin-Luise-von-Baden-Stiftung mit Sitz in Karlsruhe, zur Unterstützung von unschuldig in Not geratenen, vor allem älteren Menschen. Sicher ganz im Sinne der ehemaligen Großherzogin. Die Statue befindet sich unweit des Colani-Brunnens, klein, aber fein.

52 Der Lustgarten

Nach dem Lustwandeln kam das Umwandeln

Lustvoll geht es in jedem Fall zu im Lustgarten von Hohenwettersbach. Es gibt immer irgendwo vergnügtes Kindergejohle, ob vom Spielplatz, aus der Grundschule, der Sporthalle oder dem Kindergarten. Nachmittags wühlen sich Kinder durch den Sand des Wasserspielplatzes, um Dämme zu bauen und sie mit der großen Wasserpumpe hinterher zu überschwemmen. Eine wirklich große Überschwemmung im Lustgarten gab es 2013 nach extremen Regenfällen. Der Bach trat rasend schnell über die Ufer, und das Wasser der umliegenden Hügel sammelte sich im Rückhaltebecken zu einem See. Bootfahren in Höhe der Basketballkörbe wäre möglich gewesen ... Auf dem normalerweise trockenen Grund des Beckens befinden sich ein Rasen-Bolzplatz, ein asphaltierter Basketballplatz und ein Beachvolleyball-Feld.

Hier fand 2012 die 750-Jahr-Feier des Bergdorfs statt, denn den Ort gab es schon lang bevor die markgräfliche Familie Interesse daran fand. 1706 erwarb Markgraf Karl Wilhelm die Ortschaft und ließ ein Lustschlösschen mit Park errichten. Der Gutshof ging anlässlich der Heirat seiner Tochter Karoline mit Wilhelm Friedrich Schilling von Cannstatt in deren Besitz über. Das Herrenhaus und der dazugehörige Park mit großen Mammutbäumen, Silberpappeln und Scheinzypressen blieb bis heute im Besitz der Familie. Der Hofbetrieb wurde in späteren Generationen verpachtet. 1914 übernahm die Pacht Heinrich Eckardt. Dieser war nicht nur Landwirt, sondern auch ein ausgezeichneter Saatgutzüchter. Sein »Hohenwettersbacher Braunweizen« machte ab dem Zweiten Weltkrieg durch sehr hohe Erträge und Spitzenbackqualität Karriere in ganz Deutschland. Er bekam später das Bundesverdienstkreuz für diese Leistung.

Heute verwandeln sich die denkmalgeschützten Wirtschaftsgebäude in modernen Wohnraum. Viele Familien zieht es in die Bergdorf-Neubauten, nicht zuletzt weil der kindgerechte Lustgarten auch der perfekte Rodelhang ist ...

Adresse Lustgarten, 76228 Karlsruhe-Hohenwettersbach | **ÖPNV** Bus 24, 44, Haltestelle Hohenwettersbach Rathaus | **Tipp** Das Gelände ist ideal für ein ausgelassenes Kindergeburtstags-Event, und hinterher gibt's noch Pizza für alle in der Pizzeria Salento, Kirchplatz 12 (Tel. 0721/94315671).

53 Die Majolika

Von Bambis, Fliesen und Keramikkunst

Majolika, das klingt so nach Mallorca, irgendwie seltsam … Und tatsächlich, Markgraf Karl Wilhelm hat sich schon weit vor unserer Zeit für die Insel der Deutschen begeistert, zumindest für ihre mittelalterlichen, maurischen Keramikkunst-Einflüsse. Das traditionelle Verfahren, Keramiken zu glasieren (weiße Zinnglasur, farbig bemalt), wanderte später über Italien als berühmte Fayencen in die Hände des Großherzogs Friedrich I. Dieser erweckte die traditionelle Majolika-Technik – initiiert durch die Künstler Hans Thoma und Wilhelm Süs – zu neuem Leben und gründete 1901 die Keramikmanufaktur im nördlichen Schlossgarten.

Schon bald entstand hier eine große Vielfalt an keramischem Kunsthandwerk, die weit über die Grenzen Europas hinaus bekannt wurde. 1904 erhielt die Majolika bei der Weltausstellung in St. Louis (USA) die Goldmedaille und schwang sich zu ihrer künstlerischen Blütezeit auf.

Viele große Wandkeramiken und »Kunst-am-Bau-Unikate« in Bädern, an Bankgebäuden oder öffentlichen Bauten stammen von Kunstschaffenden der Majolika, ebenso Prestige-Skulpturen wie der deutsche Medienpreis. Sogar die Bambi-Trophäe war zunächst eine Skulptur aus diesem Hause – bevor sie dann freilich mehr »Glanz und Glamour« brauchte …

Die Manufaktur ist ein großer, ideenreicher »Schmelztiegel« internationaler Gastkünstler und keramikbegeisterter Nachwuchskünstler. Heute ist sie im Besitz der 2011 gegründeten Majolika-Stiftung. Die Lage der Majolika zieht Besucher ebenso an wie das Museum selbst mit seinen etwa 1.000 Exponaten von Kunst bis »Klimbim«. Die »Cantina Majolika« bewirtet außerdem sehr stylish innen und außen. Wer im Schlossgarten spaziert, wird optisch sowieso ganz automatisch hierhergeleitet: Der anlässlich des 100-jährigen Bestehens verlegte »Blaue Strahl« aus 1.645 azurblauen Majolika-Fliesen weist den Weg vom Schlossturm bis zum Gebäude.

Adresse Ahaweg 6, 76131 Karlsruhe-Innenstadt-West, www.majolika-karlsruhe.de |
ÖPNV Bus 73, Haltestelle Linkenheimer Tor | **Öffnungszeiten** Di – Fr 10 – 19 Uhr,
Sa und So 10 – 17 Uhr (City Store in der Lammstraße 7, 76133 Karlsruhe: Mi 12 – 18 Uhr),
Führungen mit Einblicken in die Werkstätten unter Tel. 0721/9123770 | **Tipp** Das Lokal
bietet außer dem Restaurant-Angebot auch Veranstaltungen wie After-Work-Party oder
Live-Jazz (www.cantinamajolika.de).

54 Die Martinskirche

Hier wird nicht der Mantel, sondern das Eis geteilt

Ettlingen gehört doch gar nicht zu Karlsruhe! Das ist doch ein eigenständiges Städtchen am Fuße des Nordschwarzwaldes … Ja sicher, stimmt, aber es gehört in jedem Fall zum Naherholungs-Terrain der Karlsruher.

Es lässt sich sehr schön dorthin radeln. Entweder an der Alb entlang oder durch den Oberwald und an der Hedwigsquelle vorbei. Die Alb fließt mitten durch die beschauliche Altstadt, und an ihrem Ufer steht die älteste Kirche Ettlingens.

Der bauliche Ursprung der Martinskirche war ein römisches Bad, das die Franken später als Grabstätte nutzten. Um 700 wurde dort eine dem St. Martin geweihte Kapelle gebaut. Die Bevölkerung wuchs, und die Martinskirche wurde immer wieder erweitert und von vielen Baustilepochen geprägt. Nach der Zerstörung im Pfälzer Erbfolgekrieg wurde sie mit Finanzhilfen der Markgräfin Augusta Sibylla von Baden-Baden im barocken Stil wiederaufgebaut. Das Allianzwappen derer von Baden-Baden ziert seither prachtvoll das Kirchenportal unter der Mantel teilenden St.-Martin-Statue. An sonnigen Tagen der wärmeren Jahreshälfte ist diese Kirche gut besucht … also zumindest die Treppen der Kirche und der Platz davor. Auf den Stufen unter dem heiligen St. Martin werden gerne Eisportionen to go genossen. Das Eiscafé »Pierod« am Kirchplatz ist oft brechend voll, da muss es eine Portion zum Mitnehmen tun.

Wenn das Eis geschleckt ist, lohnt sich der Blick in das Gotteshaus. Im Rahmen einer Sanierung erhielt es 1988 ein brandneues, zeitgenössisches Deckengemälde auf einer Fläche von mehr als 800 Quadratmetern. Der Künstler Emil Wachter (1921–2012), der in Karlsruhe lebte, schuf hier »Die Vollendung der Welt und der Weg des Menschen«. Moderne Kirchenkunst mit Szenen aus der urbanen Neuzeit in Verbindung mit Darstellungen aus dem Jenseits. Wer doch mehr Zeit im Diesseits von Ettlingen zubringen will: Vor den Kirchentüren lockt noch vieles mehr.

Adresse Kirchenplatz 13, 76275 Ettlingen, Auskünfte erhält man im Pfarrbüro, Tel. 07243/12244 | **ÖPNV** Straßenbahn S 1, S 11, Haltestelle Ettlingen Stadt | **Öffnungszeiten** täglich 8–18 Uhr (über Seiteneingang) | **Tipp** Im nahen Ettlinger Watthaldenpark findet jedes Jahr das Watthaldenfest statt, ein kleines, sehr angenehmes Open-Air-Fest mit viel Musik. Dort befindet sich auch das Watts, eine Brasserie mit sehr schönem bestuhlten Innenhof, Pforzheimer Straße 67 (www.watts.de).

55 Meine Pestoria

Kochschule für junges Gemüse und edles Fleisch

Das Feinkostgeschäft »Meine Pestoria« in Durlach bietet eine Vielfalt an leckeren Produkten. Hauseigene Pestos, Salze, Öle und Gewürzmischungen können hier ebenso wie Slow-Meat-Produkte vom iberischen Schwein, vom Merino-Lamm oder vom US-Beef gekauft werden. Auch andere schöne Dinge, die ein gelungenes Menü abrunden, kann man hier finden und sich zu einem Geschenkkorb arrangieren lassen.

Das Besondere ist die inhabergeführte Kochschule. Stand anfangs noch das hauseigene Pesto in unterschiedlichen Varianten mit entsprechenden Probier-Menüs im Vordergrund, so hat sich der Fokus mittlerweile auf die Gourmetkochschule zu ganz unterschiedlichen Themen verschoben. Vor allem geht es immer um den Spaß an der Sache.

Björn Wallacher ist ein Mann der Tat, er korrigierte seinen beruflichen IT-Werdegang hin zu seiner Leidenschaft, dem Kochvergnügen. Er hat ein besonderes Faible für spanische Tapas, mediterrane Menüs und Meeresfrüchte. Es braucht offensichtlich keine Stars und Sterne, um mit ausgesuchten Zutaten in einem behaglichen Ambiente einmalige Genüsse zu zaubern. Im Gegensatz zu klassischen Restaurants ist hier nicht alles auf perfekte interne Abläufe ausgerichtet, sondern es ist eine moderne und ansprechende Hightech-Schauküche mit einer großen Kochinsel in der Mitte. Die Kursteilnehmer können sich drumherum scharen, und jeder sieht, was der Küchenchef da so alles mit Witz, Können und Erfahrung demonstriert. Kochen à la »vormachen, nachmachen« wird sehr gern genommen, und die Kurse sind weit im Voraus ausgebucht. Vor allem die hier gebotene »Beef-Party« findet immer mehr Freunde. Da wird mit Fleisch nicht gekleckert, sondern da wird gezeigt, wie hochwertige, gut geschnittene Steaks perfekt gelingen. Die anschließende gemeinsame Verkostung im Kreise der teilnehmenden Freunde oder Kollegen ist nach vollbrachter Kochleistung natürlich das Highlight.

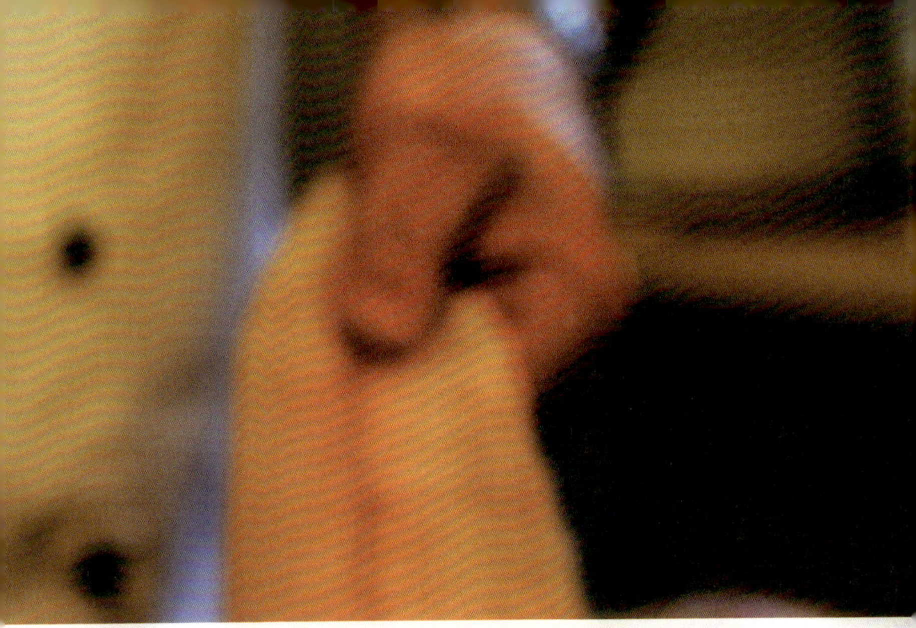

Adresse Grötzinger Straße 42–44, 76227 Karlsruhe-Durlach, www.meine-pestoria.de |
ÖPNV Straßenbahn 1, 8, Haltestelle Turmberg | **Öffnungszeiten** Di–Fr 14–18.30 Uhr,
Sa 10–14 Uhr | **Tipp** Für die Kochkurse ist es auch gut, sich im Freundeskreis in aus-
reichender Personenanzahl zusammenzuschließen und einen Kurs komplett zu buchen.
Das Koch-Event kann mit einem Ausflug auf den Turmberg per Standseilbahn prima
kombiniert werden.

56 _ Die Messe Karlsruhe

Vom Flug- zum Veranstaltungsplatz

Zwischen Forchheim, Hardtwald und Epplesee konnte man in vergangenen Tagen ausschließlich flache Wiesenweite finden. Nach der Radstrecke durch den Wald fuhr man von Grünwinkel aus Richtung See auf staubiger Strecke über den Kutschenweg. Nichts verwehrte den freien Blick in die Ferne, lediglich kleine Sportflugzeuge stiegen auf oder landeten hier. Wenige Hangars, ein Clubhaus und ein kleiner Tower an der B 36 waren die ganze Ausstattung des ehemaligen Karlsruher Flugplatzes. Dieser und große Teile der Wiese mussten weichen, nur Segelflug ist noch möglich. Karlsruhe wächst und gedeiht als Technologie-Region. Die logische Folge ist zum einen der Neubau einer Messehalle, die den modernen Anforderungen an einen Veranstaltungsort in ausreichender Größe gerecht wird. Zum anderen kann Karlsruhe mittlerweile etwas weiter südlich den Flughafen Karlsruhe / Baden-Baden mit internationalen »Arrivals« bieten.

Die Messehallen überzeugen als imposanter Bau mit klaren Linien in strenger Axialsymmetrie. Das stark vorgezogene, ausladende Dach beeindruckt durch seine Konstruktion. Die obere verglaste Lichtfuge direkt unterhalb des Daches lässt es optisch über dem Gebäudekörper schweben. Man hat versucht, auch das Landschaftsgrün mit in den Bau einzubeziehen. Es gibt Garten-Lichthöfe zwischen den vier Hallen und einen nüchtern gestalteten und beflaggten See vor dem Haupteingang.

Sehenswert ist die Decke der Multifunktionshalle »dm-arena«. Sie ist eine gewölbte, von Rauten durchzogene Holzkonstruktion. Das macht die Halle trotz ihrer Größe ein wenig »heimelig«. Messen wie die »art Karlsruhe« oder die Verbrauchermesse »offerta« finden hier statt. Flexible Konzepte lassen zudem große Konzerte und Sportveranstaltungen zu. Auch Leichtathletikmeetings sind hier möglich. Im Wandel der Zeit hat Karlsruhe einen maximal wandelbaren Veranstaltungsort dazugewonnen.

Adresse Messeallee 1, 76287 Rheinstetten, www.messe-karlsruhe.de | **ÖPNV** Straßen-
bahn S 2, Haltestelle Forchheim Messe / Leichtsandstraße, es gibt bei vereinzelten
Veranstaltungen eine Bus-Expresslinie vom Hauptbahnhof zum Messegelände | **Tipp**
Wer nach dem Messebesuch noch etwas Natur braucht, dem sei der naturnahe Fermasee
mit kleinem Badestrand und viel Wiesengrün drumrum empfohlen.

57 Der Mount Klotz

Auf diesem Berg wird geklotzt, nicht gekleckert

DAS FEST: ein Berg voller Menschen. An drei Tagen im Jahr ist er hemmungslos wabernd, johlend, tanzend, von La-Ola-Wellen durchzogen. Ein fröhlicher Menschenmassen-Hügel, dessen Anblick auch routinierte Weltklasse-Bands auf der großen Hauptbühne noch umhaut. Der Mount Klotz ist über die badischen Landesgrenzen hinaus Kult, und die Veranstaltung DAS FEST lockt jedes Jahr Tausende in die Günther-Klotz-Anlage.

Seinen Anfang hatte alles bereits 1985. Zur damaligen Zeit konnte man noch gemütlich auf Decken sitzend den Konzerten vom Hügel aus zuschauen, gemächlich Getränke kaufen und danach sogar seinen Platz wiederfinden. Man kaufte freiwillig eine Festplakette, und der Umsatz aus Getränken und Speisen finanzierte das Fest. Die auftretenden Bands wurden international immer namhafter und zogen nach und nach immer mehr Publikum an. Die Finanzierung wurde zunehmend schwieriger, und es mussten Tickets eingeführt werden. Auch ein anderes Geländekonzept mit Zäunen, um die Massen zu kanalisieren und um mehr Sicherheit zu gewährleisten, wurde notwendig. Heute muss man froh sein, für den Innenbereich vor der Hauptbühne noch ein Ticket und einen Stehplatz mit Sicht und freier Atmung zu bekommen.

Die Günther-Klotz-Anlage ist im »normalen Leben« eine viel genutzte Grünanlage mit Spielplätzen, Rad- und Spazierwegen, einem See mit Bootsverleih, Albufer-Plätzchen zum Verweilen und großen Freiflächen. Die aktiven Städter treibt es in »die Klotze« zum Skaten, Joggen, zum Beachvolleyball oder Basketball. Sie entstand ausnahmsweise nicht im Rahmen einer Gartenschau, sondern gehörte zu einem städtebaulichen Gesamtkonzept und nahm rund neun Jahre Bauzeit in Anspruch. Im Sommer kann man im »Kühlen Krug« besagten erfrischend füllen lassen und von Bierbänken aus Kindern beim Toben zuschauen. Bei Schnee ist der Mount Klotz begehrter Rodelhang. So oder so, er ist der Freizeithügel der Stadt.

Adresse Günther-Klotz-Anlage, 76135 Karlsruhe-Südweststadt, www.dasfest.de, Kühler Krug, Wilhelm-Baur-Straße 3, www.brauhaus-karlsruhe.com | **ÖPNV** Straßenbahn 1, Haltestelle Europahalle | **Öffnungszeiten** Kühler Krug: Mo–Do 11–24 Uhr, Fr, Sa 11–1 Uhr, So 10–23 Uhr | **Tipp** Wer frühzeitig Karten für DAS FEST kaufen möchte, kann dies auch schon auf dem Weihnachtsmarkt tun und die Karten verschenken. Noch ein Tipp für größere Kinder ist der pädagogisch betreute Aktivspielplatz direkt hinter dem Mount Klotz (Fr 14–17.30 Uhr, Sa 10–14 Uhr, www.stja.de).

58 Die MS Karlsruhe

Das Ausflugsschiff für gepflegte Rheintouren

Immerhin, Karlsruhe hat ein Schiff, ein Schiff der weißen Flotte, ein Schiff für Rundfahrten, Ausflugstouren, für ausgefallene Diners und Tanznächte: die MS Karlsruhe. Nicht zu verwechseln mit der Namensschwester, die als Fregatte im Dienste der deutschen Marine steht und zuletzt Piraten vor der somalischen Küste bekämpfte. Nein, dieses Schiff versteckt sich eher etwas in den Weiten des großen Industriehafens. Meist liegt es fest vertäut ruhig da in seinem Hafenbecken Nummer 2 und wartet auf das nächste »Leinen los« durchs Hafensperrtor.

Das Fahrgastschiff hat ein Fassungsvermögen von bis zu maximal 600 Personen, im Innenbereich bis 350. Es ist 46 Meter lang, mit einem Hauptdecksalon und einem Oberdecksalon, von dem aus man durch einen galerieartigen Ausschnitt in den unteren Salon schauen kann, ideal für die Nutzung als Musikschiff. Zu den Ausflugstouren zählen zum Beispiel Fahrten zur Staustufe Iffezheim, nach Speyer, Straßburg oder Germersheim. Ohne Rundfahrt, aber in »verruchter« Hafenatmosphäre kann man in der Nebensaison spannende Krimi-Dinner zu sich nehmen. Das Schiff kann für Privat- oder Firmen-Events gemietet werden. Raus auf den Rhein geht es für die MS Karlsruhe von März bis Dezember, danach haben die Dieselmotoren etwas Ruhezeit, und das Schiff kann für die nächste Saison wieder klargemacht werden.

Die MS Karlsruhe mit der blauen Reling und dem blauen Namens-Schriftzug hatte eine in die Jahre gekommene Vorgängerin mit roten Details. Der Ausflugsdampfer war von 1972 bis 2009 im Einsatz und wurde durch das heutige, gebraucht gekaufte Schiff ersetzt. Die ehemalige »Wappen von Bonn« kreuzt nun also hier ein Stück flussaufwärts auf dem Rhein. Wenn die Nacht hereinbricht und die Bootsausflügler längst von Bord gegangen sind, kreuzen in Anlegernähe aber keine Schiffe mehr, sondern gerne Pkw. Hier befindet sich eine Cruising-Area der Schwulenszene …

Adresse Anlegestelle, Hafenbecken 2, Werftstraße 2, 76189 Karlsruhe-Daxlanden, www.rheinhafen.de | **ÖPNV** Straßenbahn 5, Haltestelle Rheinhafen | **Tipp** Ein Stückchen weiter südlich, in der Hansastraße 13, befindet sich dazu passend das »maritime« Hotel-Restaurant Steuermann mit Speisen für Seebären und Landratten (www.hotel-steuermann.de).

59 Der Musengaul

Manchmal geht eben auch der Kunstgaul durch

Imposant steht das Ross ohne Reiter vor dem Staatstheater. Geschaffen wurde es vom Künstler Jürgen Goertz. Schwergewichtig in Bronze mit Aluminium, Holz und etwas Blattgold steht es auf drei Beinen. Der Schweif ist ein Besen, an dem die Zügel befestigt sind. Das große Pferd scheint aufgeregt mit angelegten Ohren, aufgerissenem Maul und mit nach hinten zum Staatstheater verdrehten Augen. Als ob es denkt: »Mal schauen, was von dort drüben kommt, als Gaul durchgehen kann man immer noch …« Das Theater und der Musengaul haben sich dennoch angefreundet.

Das mit dem Anfreunden gelang nicht allen Karlsruhern sofort, denn es gab in den 1980ern genug Kritik an dem Kunstobjekt. Heute gehört es zum Gesamterscheinungsbild des Badischen Staatstheaters.

Es steht in diesen Tagen etwa dort, wo früher die Züge in den ehemaligen Hauptbahnhof einliefen. Wo war dann vorher das Theater? Das Hoftheater war dort, wo sich heute das Bundesverfassungsgericht befindet. Klingt wie ein Bäumchen-wechsle-dich. Ein Jammer, dass das alte Theatergebäude 1963 abgerissen werden musste, aber es war bei den Bombenangriffen 1944 schwer beschädigt worden. Es war ein repräsentativer Bau von Herinrich Hübsch mit einem runden Theatersaal und mehreren Galerien. Das Gebäude stammte aus dem Jahr 1853 und war bereits der Nachfolgebau eines viel früheren Hoftheaters von Friedrich Weinbrenner. Dieses erste große Haus fiel leider auf tragische Weise 1847 einem großen Brand zum Opfer, bei dem 63 Menschen den Tod fanden.

Doch zurück zum heutigen Staatstheater: Hier kam es bei den Bauarbeiten erneut zu einem Theaterbrand, der große Teile der Verkleidung lodernd zerstörte. Seit 1975, nach dem Umzug aus dem provisorischen Zuhause am Festplatz, wird nun (hoffentlich) ohne weitere Zwischenfälle Oper, Ballett und Schauspiel in diesem Hause gegeben. Der Musengaul wacht aufmerksam übers Geschehen.

Adresse Baumeisterstraße 11, 76137 Karlsruhe-Südstadt, www.staatstheater.karlsruhe.de |
ÖPNV Straßenbahn 5, 6, Haltestelle Volkswohnung / Staatstheater | **Tipp** Der K. oder
auch K-Punkt. Das Gebäude ist der umstritten teure Infopavillon der Kombilösung und
liegt in unmittelbarer Nachbarschaft zum Staatstheater. Hier gibt es ein Bistro mit Terrasse
(das Barco im K.), einen Ausstellungs- und Beratungsbereich zur Kombilösung und ein
immer frei begehbares Dach mit Aussichtsplattform.

60 Das musikalische Dreieck

Alter Schlachthof zwischen Punk und Poesie

Es hat was von »Karlsruhe goes Großstadt«. Man hat es tatsächlich geschafft, alte Industrie-Bausubstanz in ein modernes Quartier umzuwandeln, Veranstaltungsorte zu bündeln, künstlerisches Gewerbe anzusiedeln und ein Zentrum für kreative Kultur zu schaffen.

Schlachthaus, Schweinestall, Fleischmarkthalle, Kühlhaus ... die aussagekräftigen ehemaligen Gebäudenamen sprechen für sich, sie wurden jedoch komplett »ausgebeint«, behutsam saniert und von Künstlern, Existenzgründern und Freischaffenden bezogen. Kleine Details wurden aber gelassen, so zum Beispiel Fleischhaken im Deckenbereich oder Ringe an den Wänden.

Jährlich findet die Veranstaltung »Ausgeschlachtet« statt, bei der die Nutzer ihre Räume fürs Publikum öffnen und ihre große kulturelle Bandbreite oder ihre innovative neue Existenz im »Perfekt Futur« vorstellen. Die Umbauten schreiten voran, und wenn die noch zahlreichen Bauspuren alle verschwunden sind, kann man in den dann begrünten Zwischenhöfen flanieren. Durch die Verlegung einer Straßenbahnlinie mitten durch das Areal ist auch eine optimale Anbindung ans öffentliche Verkehrsnetz ermöglicht, was für die drei unterschiedlichen Veranstaltungsorte natürlich perfekt ist.

Im Substage-»Kasten« finden angesagte Steh-Konzerte und Tanzveranstaltungen statt. Der Name dieses Musikclubs stammt vom vorigen Standort, einer ehemaligen Fußgängerunterführung am Ettlinger Tor. Das Tollhaus lockt das Publikum mit Konzerten, Kabarett, Tanzaufführungen und Artisten an. Es gibt einen kleinen Saal (450 Sitzplätze) und einen großen Saal (750 Sitzplätze), und im Sommer macht das vielseitige Zeltival-Programm mit kulinarischem Angebot im loungigen Außenbereich Spaß. Die Alte Hackerei ist da »erdiger«. Sie ist als Punkrock-Kneipe mit Jazz-Events aber ebenfalls fester Bestandteil der Kulturszene des Alten Schlachthofs, mit dem die Karlsruher in jedem Fall voll Schwein gehabt haben.

Adresse Alter Schlachthof 35, 19, 11, 76131 Karlsruhe-Oststadt, www.tollhaus.de, www.substage.de, www.altehackerei.de | **ÖPNV** Straßenbahn 1, 2, 6, S 4, S 5, 5E, Haltestelle Tullastraße | **Tipp** Alles ausprobieren, im Sommer das geniale »Zeltival«, im Winter das Kreativ-Event »Lametta« im Tollhaus nicht verpassen, Kneipen und Restaurants nutzen, tanzen gehen!

61 Das NaturFreundehaus
Tolles Wanderziel mit Blick bis zum Dobel

Mal wieder Lust auf Wandern mit der Familie? Die Bagage meutert, vor allem die wie immer plötzlich fußkranken Kinder? Die lassen sich austricksen mit einem Gipfelziel, das einen großen Spielplatz, Kuchen, Würstle und Limo bietet. Das Gipfelglück heißt NaturFreundehaus »Am Knittelberg« der Ortsgruppe Grötzingen.

Der Aufstieg vom Pfinztal aus ist nicht steil, ein bisschen was für die Waden und die Puste ist es trotzdem. Die Route ist komplett asphaltiert möglich, also auch etwas für den Kinderwagen. Zu jeder Jahreszeit belohnt der Weg mit schönen Ausblicken über das Pfinztal, Grötzingen und weit über die Rheinebene. Hat man erst die Hochebene erreicht, lässt es sich genüsslich durch Streuobstwiesen auf einer Höhe schlendern. Je nach Tempo und Gelände lassen sich Wege von ein bis zwei Stunden Länge gehen. Die Hütte liegt abschließend nochmals etwas erhöht, also muss ein kleiner Schlussanstieg bewältigt werden. Wenn das Knittelberghaus, Bierbänke, spielende Kinder und Gäste mit Schorle weiß/sauer oder Suppenschüssel in der Hand sichtbar werden, beschleunigt sich der Schritt der ganzen Familie! Aber Vorsicht: Keine leeren Versprechungen machen, denn das NaturFreundehaus wird nur am Sonntag von ehrenamtlichen Helfern bewirtschaftet.

Der Fernblick von hier oben ist unerwartet weit. An klaren Tagen kann man locker bis zum Dobel schauen. Seele baumeln lassen mit Einkehrschwung, während sich die vorher ach so fußkranken Kinder mit hochroten Köpfen lauthals vergnügen – mit wenigen Pausen fürs Vesper. Man muss immer etwas Zeit für die Tresen-Warteschlange mitbringen oder hat was im Rucksack dabei.

Das Knittelberghaus liegt zwar am Waldrand, davor breitet sich aber eine große Wiese aus mit Picknicktischen und Platz für Decken. Gruppen bis zu zwölf Personen können hier oben übernachten und sich selbst versorgen, außer sonntags, da kommen ja schon die angeblich Fußkranken.

Adresse Knittelberghaus, 76229 Karlsruhe-Grötzingen | **ÖPNV** Straßenbahn S 4, S 5, Haltestelle Bahnhof Grötzingen | **Öffnungszeiten** So (außer an Feiertagen) 11 – 18 Uhr | **Tipp** In Pfinztal-Berghausen kann man einen kleinen Vogelpark anschauen und Minigolf spielen gehen, Gewerbestraße 34, 76327 Pfinztal (www.naturfreunde-groetzingen.de).

62 Das Naturkundemuseum

Modernes Naturalienkabinett für Große und Kleine

Besonders Kinder bekommen leuchtende Augen, wenn sie Dinosaurier in Lebensgröße sehen, da heißt es nix wie rein da! Außerdem, wer nicht mindestens drei Dinosaurierarten nennen kann, ist wahrscheinlich bereits im Kindergarten mit dem beginnenden Allgemeinwissen bei seinen Kollegen voll hintendran. Die Sammler-Kids mit ihren kleinen Gummi-Sauriern in der Hand kennen sich oft schon richtig gut aus. Der mit ausgebreiteten Flügeln an der Decke hängende Riesenflugsaurier in der großen Treppenhalle zieht mit seinen zwölf Metern Spannweite die Blicke magisch an.

Die Saurier sind oft der Interesse weckende Türöffner für Besucher. Der ein oder andere ist hier aber auch schon auf den Käfer oder den Frosch gekommen. »Faszination Natur« ist das große Motto der Dauer- und Sonderausstellungen, historischen Sammlungen und Veranstaltungen. Exotische Besuchermagneten sind das große Vivarium und die Aquarien. Alle Facetten der Natur können hier auf vielfältige Weise erlebt werden. Ein weiteres Highlight sind die in den 1960ern entstandenen Dioramen. Die räumliche Tiefe schaffenden Hintergrundbilder sind stimmungsvoll und setzen die aufwendig präparierten Tiere in naturnah nachempfundenen Kulissen und Aktionen kunstvoll in Szene. Fast märchenhaft kann man eine Wildschwein-Familie, Dachse oder Steinböcke in der Felswand betrachten. Manch einer hat aber vielleicht auch den in einem Naturkundemuseum spielenden Film »Nachts im Museum« im Kopf und hofft, dass die Ausstellungsobjekte nicht wie im Film plötzlich lebendig werden …

Geforscht, gesammelt und ausgestellt wird zu den Themen Geologie am Oberrhein, Paläontologie, Botanik und Zoologie. Das ist sogar schon seit über 200 Jahren so, denn Markgräfin Karoline Luise von Baden sorgte mit ihrem Engagement für die umfassenden wissenschaftlichen Sammlungen und ließ bereits 1785 das »Naturalienkabinett« fürs Publikum öffnen.

Adresse Erbprinzenstraße 13, 76133 Karlsruhe-Innenstadt-West, www.smnk.de | **ÖPNV** Straßenbahn 1, 4, 5, S1, S2, S5, S11, S51, Haltestelle Marktplatz | **Öffnungszeiten** Di – Fr 9.30 – 17 Uhr, Sa und So 10 – 18 Uhr, Kurse und Experimente für Kinder sowie Vorträge und Themenführungen für Erwachsene auf Anmeldung | **Tipp** Im Dezember ist der Karlsruher Weihnachtsmarkt auf dem Friedrichsplatz direkt vor dem Museum.

63 Das Naturschutzzentrum

Der Flussregenpfeifer im kleinen Grenzverkehr

Buchstäblich mit offenen Altrheinarmen wird der Besucher im Naturschutzzentrum Rappenwört empfangen, denn es liegt mitten in den Rheinauen. Das weiße, schlicht-schöne Gebäude aus der Bauhaus-Zeit liegt etwas versteckt im Wald. Hier draußen ist nicht viel los, Rotwild und Wildschweine sagen sich hier im großen Wildgehege Gute Nacht. Manchmal hat man auch Glück, und ein großer Hirsch röhrt beim Vorübergehen sehr beeindruckend durch den Rheinwald. Das Wildgehege ist sehr weitläufig und lässt sich mit einem Spaziergang entlang eines Altrheinarms bis zu den Bootshäusern der Rheinbrüder kombinieren. Dort befindet sich auch das NaturFreundehaus Rappenwört mit bewirtschafteter Gaststätte, Biergarten und kleinem Spielplatz. Der Ausflug auf die Halbinsel Rappenwört wird so zu einer runden Sache. Einen Blick auf den Rhein kann man auch noch werfen, denn das dortige Freibad ist außerhalb der Badesaison für Spaziergänger geöffnet. Allerdings nur für Leute ohne Hund an der Leine, denn »Hunde müssen draußen bleiben«.

Aber zurück zum Naturschutzzentrum: Geboten wird eine familienfreundliche und moderne Dauerausstellung mit allem Wissenswerten zu den Rheinauen und ihren Bewohnern. Auch multimediale Impulse geben Anreize, den Rhein zu entdecken, zu erleben und als riesige Lebensader zu verstehen. Es werden pädagogische Führungen angeboten für Gruppen und Schulklassen, aber auch Einzelbesucher finden immer wieder etwas Neues durch Sonderausstellungen und durch zahlreiche Veranstaltungen.

Das Zentrum ist das nördlichste Informationsportal zum deutsch-französischen UNESCO-zertifizierten Ramsar-Gebiet und ist außerdem wichtiger Bestandteil des PAMINA-Rheinparks. Der Grund: Geschützte Tiere wie der Flussregenpfeifer, der Biber oder der Moorfrosch sind echte Europäer, ihnen sind Staatsgrenzen ziemlich schnuppe. Ein Stück gelebtes Europa zum Anfassen.

Adresse Hermann-Schneider-Allee 47a, 76189 Karlsruhe-Rappenwört, www.nazka.de |
ÖPNV Straßenbahn 6, Haltestelle Rappenwört | **Öffnungszeiten** Okt.–März Di–Fr
12–17 Uhr, So und feiertags 11–17 Uhr, April–Sept. Di–Fr 12–18 Uhr, So und feiertags
11–18 Uhr | **Tipp** An den Saumseen, kurz vor dem Altrheinarm Rappenwört, befindet sich
ein schön am Wasser gelegenes griechisches Restaurant, Saumweg 3 (www.saumseen.de).

64 Die neue Synagoge

Aktive jüdische Gemeinde im Hier und Jetzt

Wir haben viel darüber gelernt, gelesen, gesehen, Mahnmale und Friedhöfe besucht.

Meistens richtet sich der Blick beim Gedanken an jüdische Kultur in die Vergangenheit, so auch in Karlsruhe.

Der Blick zurück: Bereits kurz nach der Stadtgründung 1715 konnte Karlsruhe die ersten jüdischen Bürger verzeichnen. Deren Gemeinde wuchs schnell, und eine Synagoge mit rituellem Bad wurde gebaut. 1798 wurde dann in der Kronenstraße mit dem Bau einer größeren Synagoge begonnen. Es war das erste große Bauprojekt Friedrich Weinbrenners in Karlsruhe, dem so prägenden Baumeister der Stadt. 1871 ging das Gebäude durch einen Großbrand in Flammen auf und wurde durch einen Neubau von Josef Durm ersetzt. Die neue sowie die orthodoxe Synagoge in der Karl-Friedrich-Straße traf letztlich dasselbe Schicksal wie das alte Gebetshaus. Diesmal war es allerdings Brandstiftung – mutwillige Zerstörung durch die Nationalsozialisten in der Pogromnacht 1938. Die Gedenkstätte der Synagoge, die Gedenktafel der orthodoxen Synagoge am G.-Braun-Medienhaus und die jüdischen Friedhöfe erinnern an die schrecklichen Geschehnisse und deren Opfer in der NS-Zeit.

Es gibt aber auch den Blick nach vorn: Ende 1945 kehrten die ersten Juden nach Karlsruhe zurück und gründeten wieder eine Gemeinde. Zunächst mit einem Gebetssaal in der Herrenstraße. 1969 bis 1971 entstand in der Knielinger Allee die neue Synagoge der Jüdischen Kultusgemeinde Karlsruhe. Der Bau wirkt von außen eher zurückhaltend und unscheinbar. Er hat aber einen interessanten sechseckigen Grundriss, der sich in der Dachkonstruktion zu einem Davidstern verjüngt und im Luftbild sehr beeindruckt. Der Innenraum hat eine angenehme Wirkung durch die schlichte Holzvertäfelung, unterbrochen durch einen Lichtschlitz mit buntem Glas. Hier wird jüdische Kultur heute wieder gepflegt und bereichert die kulturelle Bandbreite der Stadt.

Adresse Knielinger Allee 11, 76133 Karlsruhe-Nordstadt, www.jg-karlsruhe.de | **ÖPNV** Straßenbahn 3, Haltestelle Synagoge | **Öffnungszeiten** Führungen finden mit der Volkshochschule statt oder können für größere Gruppen separat vereinbart werden, Besuch eines Gottesdienstes nach Voranmeldung möglich, Tel. 0721/72035, Mo–Fr 8–12 Uhr, Mi 14.30–16.30 Uhr | **Tipp** Die Synagoge liegt in direkter Nachbarschaft zur Hochschule, wo auch die Jugendherberge, Moltkestraße 24, mit günstigen Übernachtungsmöglichkeiten liegt.

65 Die Obermühle

Der letzte Kampf …

Man ist zu Gast bei Freunden, bei NaturFreunden, in einem schönen Haus direkt an der Pfinz. Die ehemalige Getreidemühle ist jetzt das Vereinshaus mit Lokalbetrieb. Ein großer gepflasterter Biergarten in einem schön begrünten Hof lädt zur Einkehr ein. Hinter dem Haus wurde von den NaturFreunden das Wasserrecht an der Pfinz mit einem Laufwasserrad und einer 40-Kilowatt-Kleinwasserkraftanlage wieder reaktiviert.

Bereits von 1479 stammen erste Erwähnungen einer Mühle an dieser Stelle, die zunächst eine von drei Getreidemühlen an der Pfinz war. Sie alle waren Bannmühlen, das bedeutete, die Bauern waren verpflichtet, ihr Getreide hier zu Mehl mahlen zu lassen. Das heutige Gebäude ist aber jüngeren Ursprungs und wurde durch Straßenbaumaßnahmen verändert und immer wieder erneuert. Zuletzt wurde es nach dem Kauf 1987 von den NaturFreunden aufwendig saniert und erhielt wieder den Charakter einer alten Mühle. Zwei alte Mühlsteine zieren den Biergarten. Ehemals gehörten auch Nebengebäude, Ställe und ein Garten zum Gesamtkomplex.

In der badischen Revolution spielte die Verteidigungslinie an der Obermühle und an der strategisch wichtigen Pfinzbrücke eine entscheidende Rolle, denn hier stellten sich tapfere Revolutionäre den preußischen Truppen entgegen. Die 1849 hier errichteten Barrikaden sollten den geordneten Rückzug vor Anmarsch der gegnerischen Preußen gewährleisten, was auch gelang. Eine an der Obermühle angebrachte Gedenktafel mit Kanonenkugeln aus jenen Tagen erinnert an diese Schlacht. Erst 1999 wurde zudem die Skulptur »fence« von Hans Michael Franke zu Ehren der mutigen Revolutionäre an der einstigen Gefechtslinie aufgestellt. Im Hier und Jetzt sind die Barrikaden verschwunden, und die Pfinz plätschert dahin. Das Turmbergbad, ein Freibad mit Spiel- und Sportbecken, und ein großer Spielplatz liegen gleich am anderen Pfinzufer, was die Obermühle zu einem schönen Ausflugsziel macht.

Adresse Alte Weingartener Straße 37, 76227 Karlsruhe-Durlach, www.naturfreunde-durlach.de | **ÖPNV** Straßenbahn 1, 8, Haltestelle Turmberg | **Öffnungszeiten** Restaurant Obermühle: Di–Sa 17–23 Uhr, So 11.30–15 und 17–22 Uhr | **Tipp** Von der Obermühle aus kann man mit dem Rad über die Pfinz und den Pfinz-Entlastungskanal hinweg am Gießbach entlang zum Grötzinger Baggersee und zum Weingartener Moor radeln. Eine schöne Tour durch Wiesen und Felder und durch den Bruchwald.

66 Die Orgelfabrik
Kleinkunst statt Orgelpfeifen

Schade, dass die Orgelbautradition in Durlach keinen Bestand mehr hatte. Georgelt wird in diesen Industriehallen schon sehr lang nicht mehr.

Stattdessen wird inszeniert, gezaubert, verbal karikiert und ausgiebig gelacht. Kleinkunst, die alle Register außer die der Orgeln zieht – ein durchaus würdiger Tausch, der das Fabrikgebäude für die kulturelle Vielfalt rettete. Getragen wird das Haus durch den Bürgerverein »Die Orgelfabrik – Kultur in Durlach e. V.« und durch die Stadt. Der drohende Abriss blieb aus und trug zum Erhalt alter Bausubstanz rund um den Durlacher Altstadtring bei. Im zweiten Stock der Orgelfabrik wird dem Publikum pointenreiches Kabarett von den »Spiegelfechtern« dargeboten. Sie bezeichnen sich als »eigenproduzierendes politisch-literarisches Kabarett-Ensemble«, und das seit 1989. In der großen Halle finden Ausstellungen, Rauminstallationen, Theater- und Kleinkunst-Veranstaltungen statt. Alles in allem ein interessantes Kulturzentrum in einem Backsteinbau mit leicht morbidem Charme.

Den Grundstein gelegt hat hier die Familie Voit, die auf eine lange Dynastie von Orgelbauern zurückblicken konnte. Sie trieb den Orgelbau sehr erfolgreich voran und entwickelte ihn ständig weiter. Im 19. und 20. Jahrhundert war die Voit'sche Orgelfabrik sogar eine der bedeutendsten in ganz Europa. Der Erste Weltkrieg brachte das Unternehmen personell an die Grenzen, denn die Mitarbeiter wurden fast alle eingezogen, und nur wenige kamen aus dem Krieg zurück. Resultierend aus dem massiven Facharbeitermangel schlichen sich immer mehr technische Fehler in der Produktion ein. 1932 wurde das in Misskredit geratene Unternehmen aufgegeben. Carl Hess, der ehemalige Betriebsleiter, und nachfolgend auch seine Witwe setzten den Orgelbau noch bis 1961 fort. Das Portal der Voit'schen Orgelfabrik ist noch erhalten und steht mittlerweile am Eingang der Grünanlage in der Marstallstraße.

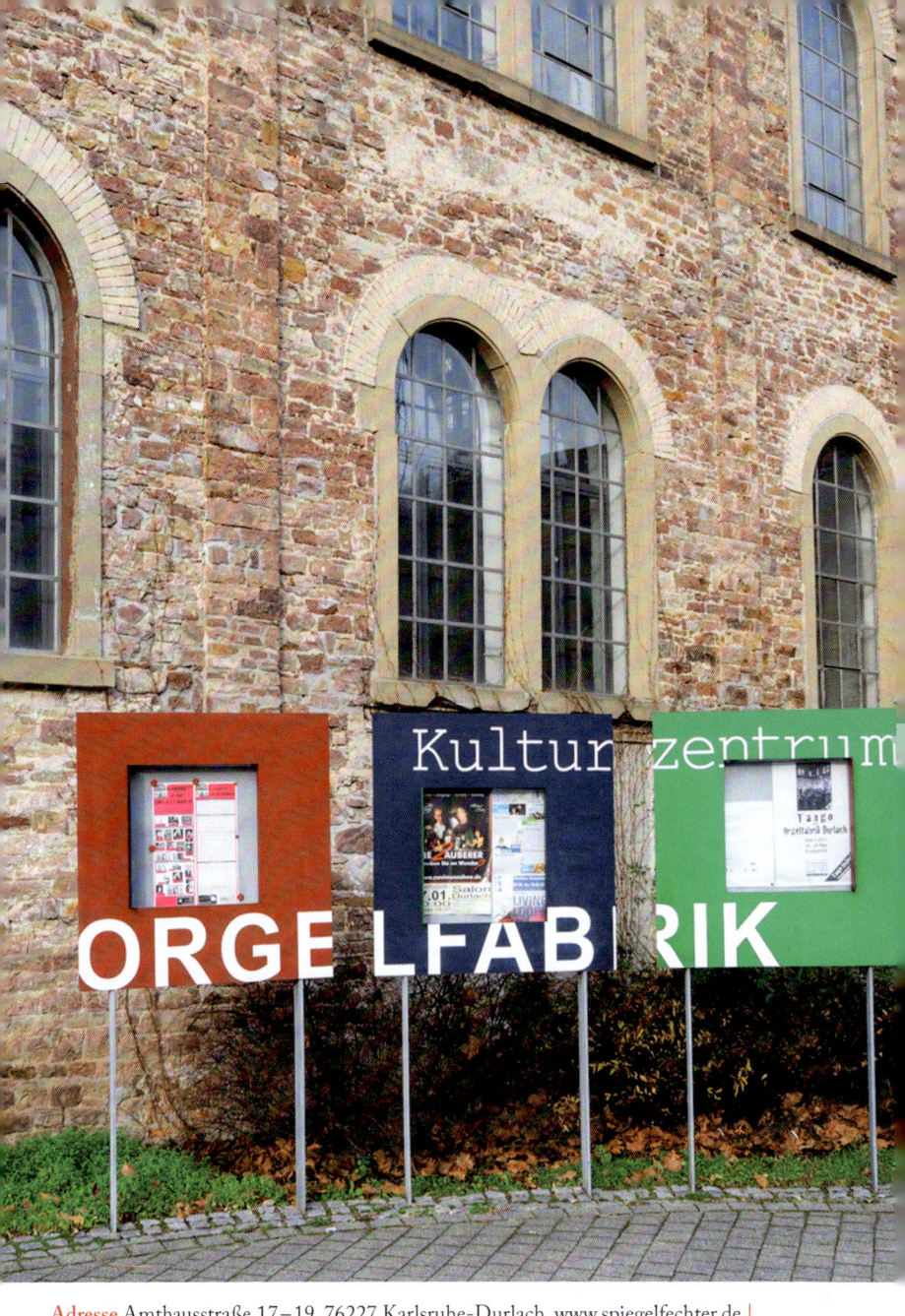

Adresse Amthausstraße 17–19, 76227 Karlsruhe-Durlach, www.spiegelfechter.de |
ÖPNV Straßenbahn 1, 8, Haltestelle Durlach Schlossplatz | **Öffnungszeiten** Ausstellungen:
Do und Fr 17–20 Uhr, Sa 15–20 Uhr und So 11–18 Uhr | **Tipp** Ein weiterer Veranstaltungs-
ort in Durlach ist die Festhalle Durlach mit diversen Rockkonzerten in der Kanzler-
straße 13 (www.festhalle-durlach.de).

67___Die originellen Maßschuhe

Keine Masse, sondern maßgenaue Klasse

Zugegeben, die online bestellten Jubelpakete der größten Schuhversandhäuser sind preislich außer Konkurrenz, aber will man die denn? Wer eher Wert auf einen besonderen Stil legt und diesen auch passgenau tragen möchte, der muss nicht zwanghaft auf großem Fuß leben. Anstatt 100 Paare zur Auswahl könnte man ein maßgenaues, unverwechselbares Schuhpaar haben.

Es ist viel drum und dran an einem handgefertigten Schuh. Etwa acht Schritte und 30 bis 50 Arbeitsstunden sind es vom ersten Besuch bis zum fertigen roten Damen-Lackschuh, zum formvollendeten Herrenschuh oder bis zu gut sitzenden Flip-Flops in den Lieblingsfarben. Zuerst wird Maß genommen, dann modelliert, Leder zugeschnitten, zusammengenäht, die Vorderkappe geklopft, gezwickt, der Rahmen genäht und zum Schluss ausgeputzt. Eine alte Tradition hat in Grötzingen wieder Fuß gefasst. Eigentlich verwunderlich, dass die handwerkliche Tour de France des Inhabers Benjamin Bigot ausgerechnet hier endete, aber wo die Liebe hinfällt ... Der gebürtige Franzose lernte sein Handwerk bereits ab dem 15. Lebensjahr in Marseille und ging danach als Wandergesell, als Compagnon du Devoir, in unterschiedliche Städte und Betriebe. Nach der Walz wurde er schließlich in Karlsruhe sesshaft und eröffnete nach seinem Start in der Innenstadt sein jetziges Ladenatelier »Schmuck & Schuhe« in Grötzingen. Leonore Jock gestaltet im Gemeinschafts-Werk- und Schauraum kreativen Schmuck wie »Klunker für Uschi«.

Schuhe sagen viel aus über die Person, die sie trägt. Wer also was auf sich hält, trägt Maßschuhe. Die kann man außerdem mit gutem Gewissen und an die 30 Jahre tragen. Für die Pflege der originellen Schuhe veranstaltet Monsieur Bigot Schuhputzkurse. Gerne hört man dem Fachmann zu, der perfekt Deutsch spricht, aber mit diesem Akzent, den wir Deutschen sooo lieben!

Adresse Niddastraße 26, 76229 Karlsruhe-Grötzingen, www.originelleschuhe.de | **ÖPNV** Straßenbahn S 4, S 5, Haltestelle Grötzingen Bahnhof | **Öffnungszeiten** Do und Fr 10 – 17 Uhr, Sa 10 – 13 Uhr, Schuhputzkurse nach Anmeldung | **Tipp** Wenn man sich vom Laden Richtung Berg orientiert, kann man bergauf durch die Straße Reithohl schon bald einem herrlichen Panoramaweg-Abzweig links folgen und bis zum NaturFreundehaus Grötzingen, dem Knittelberghaus, spazieren (www.naturfreunde-groetzingen.de).

68 Das Palmenhaus der Uni

Botanisches »Freudenhaus«

»Blümchensex« und Vortragstitel wie »Locken, Täuschen, Quälen –
Abgründe von Pflanzensex« machen stutzig. Was geht denn am Botanischen Institut der Uni ab? – Alles ganz harmlos und rein zu For-
schungszwecken. Alles basierend auf den Ergebnissen des Karlsruher
Botanikers Joseph Kölreuter, der schon vor Gregor Mendel Verer-
bungslehre betrieb und der für ein einfaches, hier nachvollziehbares
Experiment zu diesem Thema einen Preis der Russischen Akademie
der Wissenschaft erhielt. Botanik muss also offenbar nicht immer nur
diesen leicht verstaubten Charakter mit lateinischen Namensschild-
chen haben. Man geht hier die Fragen etwas moderner und lebens-
näher an, schließlich will man die Studenten hinter ihren rechtecki-
gen technischen Handgeräten hervorlocken, will die mediale Welt
eintauschen gegen Anschauungsunterricht bei Mutter Natur.

Im Palmenhaus und im Botanischen Garten des KIT (Karlsruher Institut für Technologie) lassen sich exotische Streifzüge unternehmen, lässt sich Heilkräuterwissen erarbeiten, und man kann
Beobachtungen in kleinen Biotopen machen. Leider sind die Gewächshäuser schon etwas in die Jahre gekommen und gehören auch
technisch dringend überholt. Sie entstanden größtenteils bereits
1956. Studenten der Fachrichtung Architektur erstellten hier zumindest schon einmal Stegreifentwürfe für Neubaumaßnahmen. Der
Botanische Garten wird von Studenten des Studiengangs Biologie in
allen Fächer- und Abschluss-Varianten und der Lebensmittelchemie
genutzt. Es werden Führungen, Exkursionen, Forschungsprojekte,
Versuchspflanzungen und Untersuchungen zur molekularen Authen-
tifizierung unternommen. Der Nordteil der Anlage ist Schulgarten
der Pädagogischen Hochschule.

Den Garten und die Gewächshäuser kann man kostenfrei besuchen und dabei auch die Riesenseerosen mit ihren gigantischen
Blüten und ihren bis zu zwei Meter Durchmesser großen Riesen-
blättern bestaunen.

Adresse Am Fasanengarten 2, 76131 Karlsruhe-Oststadt, www.botanik.kit.edu | **ÖPNV**
Straßenbahn 1, 2, 4, S 2, S 4, S 5, S 41, 5E, Haltestelle Durlacher Tor / Campus Süd |
Öffnungszeiten April–Sept. Mo–Fr 8–16 Uhr, So 10–16 Uhr, Okt.–März Mo–Fr
8–15 Uhr, So 10–14 Uhr | **Tipp** Im Bereich des Durlacher Tors gibt es zahlreiche
Oststadt-Kneipen mit viel studentischem Flair, eine davon ist das »gold«, Ludwig-
Wilhelm-Straße 12 (www.gold-ka.de).

69 Die Pappelallee

Toskanafeeling zwischen drei Bergdorfhöfen

Man kann sie schon von Weitem in strenger Reihe stehend entdecken. Sie haben eine schlanke Figur. Drumherum bieten sich herrliche Spaziergänge an. Bei Sturm sollte man sie allerdings meiden. Gemeint ist die Pappelallee, die den Ortsteil Thomashof mit dem Batzenhof verbindet.

Die Pappeln sind groß und schon etwas in die Jahre gekommen, deshalb werfen sie bei starken Windböen gerne mal große knorrige Äste ab. Das war vor ein paar Jahren fast ihr Todesurteil. Pappeln sind eben keine soliden, hundertjährigen Eichen. Eine Zeile musste deshalb schon weichen und wurde durch junge Bäume ersetzt. Die einzigartige Silhouette blieb jedoch als eine Art Wahrzeichen der Bergdörfer bestehen.

Mit dem Auto nähert man sich von Durlach oder Stupferich in Richtung Thomashof. Das Sträßchen mit den Alleebäumen zweigt dort mit dem Hinweisschild »Hofladen« in Richtung Batzenhof ab. In Zukunft steht hier vielleicht auch ein Schild Richtung Golfplatz. Der Bau der öffentlichen Anlage ist bereits beschlossene Sache, aber wohl etwas zäh. Es wird stark erhöhter Zugangsverkehr befürchtet, und zwar auf der Pappelallee. Das wäre sehr bedauerlich, denn normalerweise tummeln sich hier Jogger, Hundespaziergänger und Radler. In den warmen Monaten sitzen vor den Pappeln immer wieder Malschul-Gruppen, denn die Landschaft hier ist weich und wellig mit einem Hauch von Süden, irgendwie Toskana.

Der Batzenhof ist ein Obsthof mit Hofladen. Dort gibt es unterschiedliche Apfelsorten, Kartoffeln, Teigwaren und regionalen Honig zu kaufen. Außerdem bietet der Batzenhof einen großen Reitstall, um Pferde unterzustellen. Ein schönes Spazierwege-Dreieck führt über den Lamprechtshof zurück, einen der größten Süßmaisproduzenten Deutschlands. Zwischen Batzenhof und Hohenwettersbach verläuft übrigens noch eine schöne alte Birkenallee für Fußgänger und Radler am Wetterbach entlang.

Adresse Straße zwischen Thomashof und Batzenhof, Am Thomashäusle, 76227 Karlsruhe | **ÖPNV** Bus 23, Haltestelle Thomashof | **Tipp** Im Ortsteil Thomashof gibt es das Backlädle mit Obst und Gemüse, leckeren Bio-Produkten, Kuchen und frischem Brot und Brötchen, Rittnertstraße 252.

70 Die Park Arkaden

Nackte Neubauten, so weit das Auge reicht

Klangvolle Namenskonstrukte verweisen in die parkähnliche Zukunft: Park Arkaden, Park Plaza, City Park … Inflationär viele Bezeichnungen rund um das Thema »Park«. Bisher nimmt man allerdings lediglich eine wirklich große Anzahl an Neubauten wahr. Der Park ist noch Zukunftsmusik. Er soll sich laut Bebauungsplanung jedoch zügig zu einer einen Kilometer langen Grünanlage, zu einem attraktiven Stadtpark entwickeln.

Es ist schon beeindruckend: Schier aus dem Nichts entstand ein komplett neuer Stadtteil. Nicht irgendwo weit draußen an die City angedockt, sondern mittendrin! Auf dem Gelände des ehemaligen Güterbahnhofs und des Bahnausbesserungswerks, auf einem rund 300.000 Quadratmeter großen Grundstück. Es wurden fast 3.000 Einheiten Wohnungen, Büros und Gewerbeflächen generiert – ein gigantisches städtebauliches Vorhaben. Die entstandenen stadtnahen Lofts und Wohnungen waren begehrt und schnell bezogen. Das neue Quartier liegt südlich der Ludwig-Erhard-Allee, in deren Mitte eine neue Straßenbahntrasse verlegt wurde, die zum Alten Schlachthof Richtung Durlacher Allee weiterführt. Von den ehemaligen Gebäuden und Anlagen blieb einzig der Wasserturm bestehen, neben dem die neue Stadtteilgrundschule und der Kindergarten entstanden. Direkt an der Ludwig-Erhard-Allee schirmen mehrstöckige Büro- und Geschäftsgebäude das Wohngebiet akustisch ab. Alles sehr kantig und kastig, aber zum Teil auch luftig arrangiert mit kleinen architektonischen Raffinessen. Hinter diesem Parkoffice-Bereich erstreckt sich die erhöht angelegte Esplanade: ein Spazierweg in sechs Meter Höhe mit Ausblicken über den entstehenden Stadtpark. Man könnte fast sagen, ein moderner Straßenlärm-Deich.

Durch die Anlage fließt ein künstlicher Bachlauf mit weitläufigem Wiesengrün und vielen Bäumen. Ein großer Abenteuerspielplatz wurde bereits gebaut, ein See und weitere Parkdetails sollen folgen. Man bleibt gespannt.

Adresse Ludwig-Erhard-Allee, 76131 Karlsruhe-Innenstadt-Ost | **ÖPNV** Straßen-
bahn 5E, 6, Haltestelle Ostendstraße | **Tipp** Es empfiehlt sich, die Ludwig-Erhard-Allee
im Blick zu behalten, denn hier entstehen gerade laufend neue Restaurants, Cafés und
neue Einkaufsmöglichkeiten.

71 Die Pâtisserie Ludwig

Kleine Kunstwerke mit süßem Konzept

Der Mund formt sich automatisch zu einem »Ohhh«, und die Augen weiten sich, um all das Kunstvolle in der Vitrine zu beäugen. Da stehen nicht einfach Linzerschnittchen, Berliner und die üblichen Tortenstück-Verdächtigen.

Hier sind stilvolle und erlesene Törtchen, Macarons in allen Farben, Eclairs und kunstvolle Pâtisserie mit Liebe zum Detail zu entdecken. Der Duft von frischen Croissants, Pains au Chocolat und Baguettes steigt einem in die Nase. Traditionelle Backkunst auf hohem Niveau, aber modern und spritzig präsentiert. Der blutjunge Laden in der Waldstraße hat hier das richtige Revier und schöne repräsentative Räumlichkeiten gefunden. Es macht schon Spaß, einfach in die Schaufenster zu schauen, wobei man dabei mit Heißhunger-Attacken rechnen muss. Während der Frühjahrsdiät kann dieser Anblick schwer zu ertragen sein.

Das junge Team besticht durch Können. Sven Ludwig und Miriam Kungl sind das hier tonangebende Konditoren-Duo. Sven Ludwig hat nach seiner Ausbildung in Pforzheim und Arbeitsstationen im In- und Ausland bereits mehrere nationale und internationale Titel gewonnen. Als Konditor des Jahres 2011 kann man sich durchaus sehen lassen. Nach diesem klassischen Weg will er mit seiner Pâtisserie nun einen moderneren Weg mit Pfiff in eigener Regie beschreiten.

Das Fachwissen über die Konditorkunst wird in kleinen Kursen mit bis zu zwölf Personen in drei bis vier Stunden auch an interessierte Kundschaft weitergegeben. Man sollte sich aber frühzeitig anmelden, denn Törtchen-, Macaron- und Pralinenkurse sind heiß begehrt. Manch ein Teilnehmer hofft wahrscheinlich, so in die Lehre der süßen Verführungskünste einzutauchen. Liebe geht bekanntlich durch den Magen … da sollte das Dessert passen. Die Chancen dazu sind jedenfalls bestens. Nur die Qual der Wahl an der Vitrine nimmt einem keiner – es sieht alles lecker-schmecker aus!

Adresse Waldstraße 85, 76133 Karlsruhe-Innenstadt-West, www.patisserie-ludwig.nct |
ÖPNV Straßenbahn 1–6, S 1, S 2, S 5, S 11, S 51, S 52, Haltestelle Europaplatz |
Öffnungszeiten Di–Sa 9–18 Uhr, So 11–18 Uhr | **Tipp** Von hier aus ist es nicht weit
bis zum Prinz-Max-Palais, Karlstraße 10, dem Karlsruher Stadtmuseum mit Dauer- und
Sonderausstellungen zur Geschichte in historischen Mauern (www.karlsruhe.de).

72   Der Platz der Grundrechte

Zeichen der Kunst, verteilt im ganzen Stadtgebiet

»Mit Recht. Karlsruhe« – so lautete der Leitspruch zur Bewerbung Karlsruhes als europäische Kulturhauptstadt 2010. Trotz spektakulärer Fächerlasershow und weiterer kulturtauglichen Werbemaßnahmen ging der Ruhm an Karlsruhe vorbei, denn die Stadt Essen und das Ruhrgebiet machten das Rennen. Karlsruhe trug es mit Fassung. Immerhin wurde es publikumswirksam probiert. Das Recht als solches und die Stadt Karlsruhe waren ja sowieso schon längst »verheiratet« durch die hier angesiedelten höchsten Gerichte des Landes.

Zum 50-jährigen Bestehen des Bundesverfassungsgerichts schuf Jochen Gerz von 2002 bis 2005 ein Kunstwerk im öffentlichen Raum, das Äußerungen von Juristen und Rechtsexperten den Äußerungen von mit dem Gesetz in Konflikt geratenen Bürgern der Stadt gegenüberstellte. Die verwendeten Zitate entstammen Interviews, die der Künstler mit den genannten gegensätzlichen Personengruppen führte. Die Texte der Vorder- und Rückseiten sind dadurch nicht im Einklang miteinander, sondern spiegeln die oft kontroversen Ansichten zu Recht, Unrecht und Gerechtigkeit. Auf diese Weise entstanden 24 rote Texttafeln mit weißer Schrift, die wie Fähnchen an Stangen hängen und Denkanstöße für demokratische Rechts-Diskussionen geben.

Der Platz der Grundrechte befindet sich zentral in der Stadtmitte zwischen Schlosszirkel und Marktplatz. Er trifft die Stadt sozusagen im Herzen. Die Bevölkerung war außerdem in Foren aufgerufen, passende Vorschläge für die dezentralen Standorte der 24 Dubletten-Tafeln zu machen. Durch die weit verstreute Positionierung der »Zwillingsschilder« bekommt das Denkmal einen großen Wahrnehmungsradius. Die Begegnung mit den Schilderfähnchen wirkt manchmal wie zufällig, rückt aber die Grundrechte kurz wieder in die Alltagsgedanken. Es steht eins an der JVA Karlsruhe, eins vor der Landesaufnahmestelle für Flüchtlinge, eins an der europäischen Schule …

Adresse Platz der Grundrechte, zwischen Zirkel und Schlossplatz, nördlich des Markt-platzes, 76131 Karlsruhe-Mitte | **ÖPNV** Straßenbahn 1, 4, 5, S 1, S 2, S 5, S 11, S 51, Haltestelle Marktplatz | **Tipp** Direkt daneben liegt das Museum beim Markt (eine Außenstelle des Landesmuseums im Schloss) mit vielen Exponaten zu angewandter Kunst und Design des 20. Jahrhunderts, klein, aber fein und mit Wechselausstellungen im Erd-geschoss (www.landesmuseum.de).

73 Der Platz vor St. Stephan

»La vie est belle« zwischen Kirche und Alter Bank

Es knirscht unter den Füßen bei der Tischsuche auf dem Platz mit den großen Bäumen. Endlich mal keine voll versiegelte Fläche mitten in der Stadt. Der launige Biergarten gehört zum Lokal »Alte Bank«. Schattige Plätzchen locken gegenüber dem einzigartigen Kirchenbau St. Stephan. Dies ist die älteste katholische Kirche Karlsruhes, 1814 wurde sie von Friedrich Weinbrenner in klassizistischer Bauweise und mit einer Kuppel ähnlich der eines römischen Pantheons fertiggestellt. Die Kirche hat an dieser Stelle viel Raum, um wirken zu können, und der schön gestaltete Platz ermöglicht einen Weitblick auf die interessante Architektur. Der Brunnen spuckt unregelmäßig Wasserfontänen von einer Seite zur anderen. Besonders Kinder fühlen sich davon angezogen, und nicht selten werden sie unverhofft vom Wasserstrahl getroffen. Die einen lachen, die anderen sind weinerlich wütend auf den frechen Brunnen …

Nach diesem Überraschungseffekt können die Kleinen noch einen sehr futuristischen Kinderspielplatz erkunden: Die Spaßgeräte sind eher ungewöhnlich und aus Metall konstruiert. Früher wurden hier so eng wie möglich Autos geparkt. Wie schön, dass diese weichen mussten im Tausch gegen Kinderlachen und Latte macchiato.

Das denkmalgeschützte Gebäude des Lokals »Alte Bank« war im Vorleben tatsächlich ein Bankgebäude. In der Schalterhalle der ehemaligen Reichsbank, später Landeszentralbank, wird nun der Mittagstisch, ein Cocktail oder der Aperitif zur Theatervorstellung zu sich genommen.

Theater liegt nahe, denn das Kammertheater hat denselben Treppenaufgang und liegt vis-à-vis des Lokals. Das Publikum ist bunt gemischt, das Programm des Kammertheaters ebenso – Gastauftritte vieler namhafter Schauspieler inklusive. Im Süden des Kirchplatzes, an der Erbprinzenstraße, liegt die wissenschaftliche Landesbibliothek. Wissenschaft und Kultur treffen auf Einkaufstüten. La vie est belle.

Adresse Erbprinzenstraße 14, 76133 Karlsruhe-Innenstadt-West, www.st-stephan-ka.de |
ÖPNV Straßenbahn 1, 4, 5, S 1, S 2, S 5, S 11, S 51, Haltestelle Herrenstraße | **Tipp**
Nördlich der Kirche liegt der Stephan-Saal, Ständehausstraße 4, ein Veranstaltungsort mit
Bestuhlung und Audiosystem, in dem oft Vorträge gehalten werden. Man kann ihn mieten.

74 Der Prinzessinnenbau
Teil der unvollendeten Karlsburg

Geblieben ist von der einstigen Karlsburg nicht wirklich viel. Angeschmiegt an den Prinzessinnenbau aus dem 16. Jahrhundert sind dicke Mauerreste zu sehen. Sie deuten auf die Existenz einer Wasserburg an dieser Stelle hin, die vielleicht schon im 13. Jahrhundert erbaut war. Im weiteren Verlauf der Geschichte wurden die existierenden Bauten immer wieder ergänzt und erneuert. Markgraf Ernst von Baden-Durlach machte aus der Burg ein Jagd- und Lustschloss, das sein Sohn Markgraf Karl II., der »Karle mit de Dasch«, noch üppiger gestaltete und zur neuen Residenz ausbaute. Seinen Spitznamen trug er durch seine Angewohnheit, die Bauarbeiter der Karlsburg direkt aus seiner Tasche zu bezahlen. Nach vorläufiger Fertigstellung wurde 1565 von Pforzheim nach Durlach umgezogen. Die Karlsburg machte in jenen Tagen mit prachtvoller Innenausstattung von sich reden. Kultur wurde am Hofe gefördert, und der Grundstein für das Hoftheater gelegt.

Die Wirren des Dreißigjährigen Krieges überstand das Schloss noch mit nur wenigen Kratzern. Verheerend war dann aber der Pfälzer Erbfolgekrieg, bei dem die französischen Truppen 1689 Durlach in Brand steckten. Die Karlsburg wurde bis auf die Mauern niedergebrannt.

Große Pläne zum Wiederaufbau wurden geschmiedet und bis 1715 auch in Form des heutigen Schlossflügels umgesetzt. Die weiteren Gebäude blieben Architekten-Phantasie auf dem Papier. Karlsruhe wurde kurzerhand auserkoren für einen zeitgemäßen Residenzneubau, den der umtriebige Markgraf Karl Wilhelm bezog, während seine Gattin in der Karlsburg blieb – weit weg von den amourösen Abenteuern ihres Mannes. Diese Ehe war also eher schwierig. Heute trifft man hier, im Karlsburg-Standesamt, dagegen auf jede Menge glückliche Paare. Das Pfinzgaumuseum stellt hier Geschichte aus, und der mittelalterliche Weihnachtsmarkt lässt das ehemalige Burgleben alljährlich aufblühen.

Adresse Karlsburg, Pfinztalstraße 9, 76227 Karlsruhe-Durlach, www.durlacher.de | **ÖPNV** Straßenbahn 1, 8, Haltestelle Schlossplatz | **Öffnungszeiten** Pfinzgaumuseum: Mi 10–18 Uhr, Sa 14–18 Uhr und So 11–18 Uhr | **Tipp** Nach dem Museumsbesuch kann man am Rathausplatz und auf dem Saumarkt noch schöne Cafés mit süßen Stückchen und Eis finden. Die Stadt ist hier eher beschauliches altes Städtchen.

75 — Das Reitinstitut

Besondere Reitschule mit historischem Reithaus

Egon von Neindorff wurde 1923 in Döbeln / Sachsen als Offiziers-sohn geboren. Dem 2004 verstorbenen Reitmeister sollte man auch noch postum Anerkennung und Respekt zollen, nicht nur weil er die hohe Reitkunst gelehrt hat.

Dieser Mann hatte eine Passion: seine Liebe zu Pferden und sei-ne Geduld bei der Ausbildung von Pferd und Reiter in der klassi-schen Reitkunst bis hin zur Hohen Schule. In der heutigen, hastigen Zeit fast undenkbar: Dieser Mann nahm sich dafür die nötige Zeit und Ruhe. Dabei ging es ihm, als er 1949 das Reit- und Lehrinstitut in Karlsruhe gründete, um die perfekte Einheit zwischen Mensch und Pferd. Dieses Ziel erfordert viele Jahre gemeinsame Arbeit, und sein Credo war: »Das Pferd bestimmt die Dauer seiner Ausbildung.« Ein zwangloses, künstlerisches, fast tänzerisches Reiten, dazu Freu-de, Charakterstärke und eine nahezu unsichtbare Führung durch den Reiter.

Nach diesen Leitsätzen wurde 1989 auch der Förderverein ge-gründet und 1991 die Egon von Neindorff-Stiftung ins Leben geru-fen, die heute das Institut leitet. Sie sollen dem Erhalt der klassischen Reitkunst und der Nachwuchsförderung dienen. Egon von Neindorff gab schon als 30-Jähriger den Turnier-Reitsport auf und widmete sich seitdem mit großer Disziplin und Ausdauer der Piaffe, der Le-vade oder der Courbette und ließ sein Leben durch das Tempo der aus unterschiedlichen Nationen und Regionen stammenden Pferde bestimmen. Selbst Reiter aus dem Ausland kamen nach Karlsruhe und ließen sich durch von Neindorff fortbilden.

Die imposanten Ställe und das denkmalgeschützte Reithaus wur-den Anfang des 20. Jahrhunderts erbaut und strahlen ein ehrwürdi-ges Ambiente aus. Nicht nur Pferdenarren sollten in der von alten Bäumen umgebenen Oase mal vorbeischauen oder eine der Veran-staltungen besuchen. Das Leben ist schließlich kein Ponyhof, son-dern die hohe Kunst aus Passion und Zeit, ganz Neindorff eben ...

Adresse Reitinstitut Egon von Neindorff-Stiftung, Nancystraße 1, 76187 Karlsruhe-Nordweststadt, www.von-neindorff-stiftung.de | **ÖPNV** Straßenbahn S 1, S 11, Haltestelle Knielinger Allee | **Öffnungszeiten** Reitausbildung nach vorheriger Terminvereinbarung, es gibt Stundenpläne für Gruppenreitstunden | **Tipp** Die traditionelle Veranstaltung »Impressionen klassischer Reitkunst« vermittelt beeindruckend die dortige Arbeit. Wer edlen Charme mag, dem sei ein Rundgang im Musikerviertel zwischen Karlsruhes herrschaftlichen Häusern links und rechts der Hildapromenade und der Seldeneckstraße empfohlen.

76 Die Rheinbrücke

Vom Ponton zum Eisen

Der Schlaufuchs rät: »Meide die Rheinbrücke im Berufsverkehr, denn dann wird sie zum staugeplagten Verkehrsnadelöhr für viele Pfälzer Pendler oder Karlsruher Reisende mit Zielen jenseits des Rheins.« Die Brückenkapazität reicht nicht mehr aus. Man ist ja schon froh, wenn man zäh fließend, unfallfrei und ungeblitzt über den Rhein kommt. Rheinübergänge sind nicht gerade zahlreich. Es wird aber bereits festgestellt, durchdacht und geplant. Unabhängig voneinander, auf beiden Seiten des Rheins. Irgendwann wird sie vielleicht kommen, die neue Brücke.

Eine dritte Brücke? Es gibt von Maxau / Baden nach Maximiliansau / Pfalz doch sowieso schon zwei. Eine für die Eisenbahnnutzung und eine für die dreispurig ausgebaute Autostraße. Zum Glück muss man nicht mehr von drei auf zwei Spuren einfädeln. Ob wir Deutschen jemals das Reißverschluss-Prinzip verstehen? Zieht eine neue Brücke nicht magisch noch mehr Verkehr an? Fragen über Fragen zu Brücken …

Interessanter, abenteuerlicher und unpolitischer ist ein Blick zurück auf die ersten Brücken über den Rhein. Die erste von 1840 war eine Schiffbrücke für den Straßenverkehr. – Na, was denn nun, Schiff oder Straße? Die Brücke bestand aus 34 Schiffsrümpfen, auf die Fahrbahnsegmente montiert waren. Für den Schiffsverkehr konnte man Teile der Brücke seitlich herauslösen. Eine Schaukelpartie. Nach dem Bau der rheinüberschreitenden Eisenbahnstrecke war eine Erneuerung der Brücke notwendig.

Die doppelte Ponton-Brücken-Nutzung für Fahrzeuge und Bahnverkehr war eine revolutionäre ingenieurtechnische Neuerung in Europa und erlangte Ruhm bei der Pariser Weltausstellung 1867. Vieles musste damals bedacht werden: Wasserstand des Rheins, Sperrungen für den Schiffsverkehr, geringe Tragfähigkeit, leichte Lokomotiven, Eisgang und damit gezwungener Abbau der Brücke … Da klagt man plötzlich weniger über die Nachfolgemodelle und das Nadelöhr.

Adresse Rheinbrücke Karlsruhe, 76187 Karlsruhe-Maxau | **ÖPNV** Straßenbahn S 5, S 51, S 52, Haltestelle Maxau | **Tipp** Eine wirklich schöne Zeit, um hierherzukommen, ist in der Abendsonne und zum Sonnenuntergang. Ein Fall für Romantiker, wenn die letzten Sonnenstrahlen im Wasser glitzern und der Himmel sich rot verfärbt.

77 Die Rheinfähre
Buntes Treiben an der »Rhein-Waterkant«

Eine Radtour am Rhein entlang, eine erste Ausfahrt mit dem Cabrio, ein Spaziergang mit Hund, das alles passt zu einer Tour nach Neuburgweier an den dortigen Fähranleger. Sportliche zischen hier gern ihr Etappenbier, Motorradfahrer parken liebevoll ihre Bling-Bling-Maschinen. Frauen stöckeln in Sommerkleidchen, Männer stolzieren hinterher, und ihre Kinder lassen Steinchen über den Rhein ditschen. Viele lieben einfach das Sonnenplätzchen am glitzernden Wasser.

Auf dem Fluss kreuzt die Rheinfähre von Ufer zu Ufer, mal mit dem, mal kräftig gegen den Strom. Die Autofähre pendelt zwischen Baden und der Pfalz von morgens bis abends etwa alle zwölf Minuten hin und her, und das bei jedem Wetter außer bei Hochwasser. Nur im Dezember und im Januar ist der Betrieb eingestellt. Die Parkplätze sind bei schönem Wetter schnell vergeben, ebenso die besten Bierbankplätze in erster Wasserreihe. Es gibt sogar Klappstühle im maritimen Streifendesign, die einen Hauch von Urlaub verbreiten. Überhaupt ist die Stimmung hier ein bisschen wie am Strand, obwohl es an der Wasserschnellstraße leider keinen gibt. Der Rhein ist in ein Steinkorsett gezwängt und wird mit Buhnen in der Fahrrinne tief und schnell genug gehalten.

Bockschiffe und Schuten bahnen sich ihren Weg auf dem Wasser. Es macht den Beobachtern Spaß, den Namen und Heimathafen der Schiffe zu erspähen und zu raten, was sie wohl geladen haben. Flussabwärts Richtung Rotterdam sind sie natürlich schneller unterwegs. Den motorstarken »Flitzbooten« aus den Yachthäfen ist die Strömung egal.

An den Rheinufern ist man auf dem deutsch-französischen PAMINA-Rheinauen-Radweg sehr naturnah unterwegs. Auf der elsässischen Seite ist er durchgehend geteert, auf deutscher Seite oft geschottert. Durch die Fährverbindungen wie in Neuburgweier sind die Rheinseiten aber ganz nach »goût« wechselbar.

Adresse Am Altrheinhafen 1, 76474 Au am Rhein, www.rheinfaehre-neuburg.de | **ÖPNV** Straßenbahn S 2, Haltestelle Mörsch Rheinaustraße | **Tipp** »Zollhaus« heißt hier das Lokal am Platze. Es bietet **Biergartenküche** im Freien sowie besondere Fischgerichte und gut-bürgerliche Küche in den Innenräumen, Blick auf den Rhein inklusive (www.restaurant-zollhaus.de). Es gibt aber auch Imbissbuden entlang des Rheinufers, ganz nach Belieben.

78__Der Rheinhafen

Karlsruhe hat einen Rheinhafen?

Dass Karlsruhe am Rhein liegt und sogar einen der neun am Oberrhein befindlichen Binnenhäfen vorzuweisen hat, vergisst man manchmal. Andere Städte können sich mit schönen Uferpromenaden
entlang des Rheins, mit Strandcafés und Bootsanlegestellen mitten in der Stadt profilieren. Weit gefehlt in Karlsruhe! Der Markgraf träumte mitten im Wald von seiner Stadtgründung, nicht am
Rheinufer. Außerdem war der Rhein einst sehr eigenwillig in seinem
Verlauf und mit seinen Hochwassern eine manchmal zerstörerische
Naturgewalt. Karlsruhe wurde also besser auf trockenem Grund geplant und gebaut.

Zunächst gab es nur den Maxauer Hafen, der erweitert wurde.
Erst später baute man den heutigen Rheinhafen, der 1901 in Betrieb
genommen wurde, da der Verkehr generell stark zunahm. Der Hafen ist durch einen Kanal offen und ohne Schleuse mit dem Rhein
verbunden. Er hat insgesamt fünf große Hafenbecken, die sehr gern
auch von Karlsruher Wassersportlern genutzt werden. Es gibt eine
drei Kilometer lange Rennstrecke, auf der die Paddel- und Ruder-
vereine regelmäßig trainieren. Ideal, weil fast unbeeinflusst von Wind
und ohne Strömung. Der Hafen ist vor allem Umschlagplatz für Öl.
Ein großes Raffineriegelände schließt sich nördlich an. Es werden
auch Kohle, Metall, Baustoffe und Container umgeschlagen. Große
Kräne, Lagerhallen, Transportfahrzeuge und ein paar alte Speicher
prägen hier das Bild.

Einmal im Jahr verändert sich die Optik aber zur Gänze. Dann
wird an der Karlsruher »Waterkant« das Hafen-Kultur-Fest am Hafenbecken Nummer 2 gefeiert: maritimer Budenzauber mit vielseiti-
gem Festprogramm, historischen Führungen, Kinderaktionen, Bands
und Shanty-Liedern. Ein schönes Ambiente, das viele Karlsruher
zumindest einmal im Jahr dazu bewegt, zum Hafen rauszufahren.
Für eine unbestimmte Zeit ist es plötzlich wieder klar: Ach ja, Karlsruhe liegt ja am Rhein.

Adresse Rheinhafen, 76189 Karlsruhe-Daxlanden, www.rheinhafen.de | ÖPNV
Straßenbahn 5, Haltestelle Rheinhafen | Tipp Wer spanische Tapas liebt und auf
hochwertiges Ambiente auch mal verzichten kann, der kann ein etwas verstecktes
Restaurant testen, das La Solea, Rheinhafenstraße 1 (Tel. 0721/62765762).

79 Das Rheinstrandbad

Bauhaus mit Badekappe

Bauhaus-Badevergnügen am Rhein, das war das erklärte Ziel in den 20er Jahren, in architektonischer Anlehnung an das Konzept der Dammerstock-Siedlung. Sie wurde von Walter Gropius, dem damaligen Direktor des Bauhauses, geplant und gebaut. Die Gebäude des Bades und des nahen Naturschutzzentrums waren Bestandteile des geplanten Rheinparks auf der Halbinsel Rappenwört und sind im Stil jener klassischen Moderne entworfen worden. Flache Dächer, kantige Formen, Fensterfronten und glatte weiße Fassaden … Zu jener Zeit sehr avantgardistisch! Es galt, ein Naherholungsgebiet zu erschließen, das in den Generalbebauungsplan integriert war, eine Art »Volkserholungsstätte«.

Das Freibad hatte zu Beginn eine sichelförmige große Badebucht, vom Rhein abzweigend mit Sandstrand und Badeplattformen. Das Hauptgebäude ist zweigeschossig, die Umkleiden für Damen und Herren wurden achsensymmetrisch zu beiden Seiten als Flachbauten mit großen Innenhöfen für Gymnastik konzipiert. Es gab und gibt weitere Anlagen zur sportlichen Freizeitgestaltung. Die klare Architektur wurde zugunsten moderner Ansprüche an ein Freizeitbad zwangsläufig etwas aufgegeben. Ein großes Wellenbad, mehrere Riesenrutschen, Erlebnisbecken, Sprungturmbecken und so weiter lassen keinen Badegastwunsch mehr offen.

Mehrere tausend Besucher strömen an heißen Tagen ins Bad. Die Bugwelle dieses Menschenschwalls prallt dann regelmäßig auf wenige Kassenhäuschen, was leider zu längeren Wartezeiten in der Schlange führt. Das riesige Gelände mit Liegewiesen sorgt zum Glück für genügend Verteilung der Massen, sogar mit vielen Schattenplätzen unter den großen Pappeln. Schade, dass die Rheinbucht heute nur noch als See dient, in dem Baden nicht mehr möglich ist. Allerdings: Vorbeifahrende Rheinschiffer kann man trotzdem noch beobachten, und man ist dann doch froh, dass die starke Rheinströmung draußen bleiben muss.

Adresse Hermann-Schneider-Allee 54, 76189 Karlsruhe-Daxlanden, www.ka-baeder.de |
ÖPNV Straßenbahn 6, Haltestelle Rappenwört | **Öffnungszeiten** Mai – Sept. täglich
9 – 20 Uhr | **Tipp** Auch außerhalb der Badesaison kann man auf dem Schwimmbadgelände
spazieren gehen und hat Zugang zum Rhein, außer Hunde, denn die müssen definitiv
draußen bleiben.

80 Der Ringelberghohl

Typischer Lösshohlweg mit Schautafeln

Hohlwege sind nicht intellektuell unterbelichtet und werden auch nicht etwa nur von Hohlköpfen begangen. Als hohl wird ihre Form bezeichnet. Hohlwege waren einst wichtige Verbindungswege und sind viele hundert Jahre alt. Oft haben schon die Römer sie mit Gespannen und schweren Fuhrwerken genutzt, was sie mürbe machte. Das Regenwasser hatte dann leichtes Spiel, den aufgelösten Boden abzutragen. So schnitten sich diese oft in Lösslandschaften auftretenden Hohlwege immer weiter in den Boden ein. Löss ist eiszeitliches gelblich graues Sediment, das vom Wind abgelagert wurde. In Gebieten mit starker Bewaldung und weichen Substratböden oder in Gebieten des Pfälzer Waldes mit Buntsandstein findet man dieses Phänomen ebenso.

In der Karlsruher Gegend trifft man Hohlwege hauptsächlich in Richtung Kraichgau an. An ihren hohen Seitenwänden wurzeln oft kleine Sträucher, Moose und Farne. Diese Flanken werden heute als geomorphologischer Biotoptyp geschützt, und man versucht sie zu erhalten. Nicht selten wurden sie früher einfach mit Schutt befüllt und gingen verloren. Sie sind zwar vom Menschen geschaffen, bilden aber dennoch schützenswerte Ökonischen – ein sehr spezieller Lebensraum, denn im Hohlweg herrscht ein ganz eigenes Mikroklima. Im Sommer ist es hier feuchter und kühler als in der Umgebung, und im Winter ist es milder. Bienen, Käfer, Echsen, Mäuse, Spechte und Fledermäuse fühlen sich hier wohl, und so kann man in den weichen Seitenflanken unzählige kleine Höhlenverstecke der Tiere sehen.

Der Ringelberghohl hat zwar mittlerweile ein asphaltiertes Sträßchen von Grötzingen Richtung Rittnert, beeindruckt aber sehr durch teilweise drei bis vier Meter hohe, bewachsene Steilwände. Natürlich verlockt das Gelände zur Kletterei, ist aber meist glitschig, und ein Ausrutschen kann auf dem harten Asphalt enden. Birken und Buchen säumen die Hänge, was einen Spaziergang besonders im Herbst lohnenswert macht.

Adresse Ringelberghohl, 76229 Karlsruhe-Grötzingen | **ÖPNV** Straßenbahn S 4, S 5, Haltestelle Grötzingen Bahnhof | **Tipp** Man kann durch den Hohlweg eine Wanderung hoch zum Rittnert unternehmen. Man folgt dann der Jean-Ritzert-Straße ein Stück, genießt den Weitblick und wandert dann über den Grollenberg zurück nach Grötzingen oder wählt einen Abstieg Richtung Berghausen und steigt dort in die S-Bahn zurück.

81 Das Rüppurrer Schloss

Nicht nur eine Straßenbahnhaltestelle

Na, wo ist denn nun das an der Straßenbahnhaltestelle verkündete Schloss Rüppurr? Gemeint ist ja wohl nicht der Hochhausbau auf der anderen Straßenseite?

Nein. Hält man sich von der Haltestelle Richtung Alb, lässt dabei die Polizeistation links und das schöne Rüppurrer Freibad rechts liegen, so steht man auf einem großen Parkplatz, der etwa die Lage und Größe des einstigen Schlossgeländes mit seinen zugehörigen Wirtschaftsgebäuden verdeutlicht. Am südlichen Parkplatzende steht noch das Haus der ehemaligen Meierei, der einstige Wohnsitz des Gutsverwalters. Das sehr geschmackvoll restaurierte Gebäude nennt sich heute »das Rote Haus« und lässt nur noch erahnen, wie prachtvoll das Schloss gewesen sein mag.

Erste Erwähnungen der von Wasser umgebenen Burg (ein Schloss wurde es erst später) stammen von 1380. Die Meierei stammt aus dem 16. Jahrhundert. Das hier ansässige Rüppurrer Adelsgeschlecht erlosch leider, sodass Markgraf Ernst Friedrich das Schloss samt Dorf 1593 in seinen Besitz übernahm. 1762 riss man die Anlage ab. Die markgräfliche Familie hatte genug Schlösser und Gutshöfe, und das Staatssäckel war genug belastet. Ein Stückchen weiter südlich der ehemaligen Schlossgebäude hat auch noch die Mühle an der Alb aus dem 18. Jahrhundert überlebt. Sie scheint allerdings ein Nachfolgemodell von schon sehr viel früher erbauten Mühlen zu sein, die immer wieder durch Brände zerstört wurden. Die heute existierende Mühle war noch relativ lang als solche in Betrieb. Ab 1914 gehörte sie der Stadt, und der letzte Müller arbeitete dort bis 1959. Heute ist sie im Besitz ihrer Bewohner, die sie im Inneren modern saniert und zu Wohnraum umgewandelt haben. Nur noch am Mauerwerk und an der Staustufe unter der kleinen Fußgängerbrücke kann man erkennen, dass hier zwei Mühlräder saßen.

Es lohnt sich, dem Albweg weiter Richtung Ettlingen zu folgen, ein toller Spazierweg!

Adresse Rastatter Straße 17, 76199 Karlsruhe-Rüppurr | **ÖPNV** Straßenbahn S 1, S 11, Haltestelle Schloss Rüppurr | **Tipp** »Das Rote Haus« ist heute Therapie- und Seminarzentrum, man verwaltet dort keine Ländereien mehr, sondern gibt Hilfestellungen zu innerer Kraft und Klarheit (www.das-rote-haus.de).

82 Die Schauburg
Roter Plüsch und Kronleuchter

Wenn man den oberen Kinosaal »Cinema« in Richtung Ausgang wieder verlässt, fühlt man sich ein bisschen wie ein Filmstar aus den 50er Jahren. Man wankt noch etwas unsicher, nachdem man das Dunkel des Kinosaals hinter sich gelassen hat, und steigt dann konzentriert die geteilte und schön geschwungene Theatertreppe mit dem roten Teppich hinunter. An den Wänden Gold und Glitzer, über den Köpfen ein riesiger Kronleuchter. Manchmal wischt man sich noch eine letzte Träne weg vom ergreifenden Filmerlebnis und schreitet dann mit möglichst gemessenen Schritten auf die bereits auf den nächsten Film wartende Menschenmenge zu. Man möchte fast huldvoll grüßen, gibt dann aber doch nur seine Pfandflasche an der Theke wieder ab und huscht hinaus in die Straßen der Südstadt …

Die imposante Kinotreppe steht heute unter Denkmalschutz. Es ist das älteste Kino der Stadt und hat ein sehr gutes, oft ausgefallenes, viel gerühmtes und sogar schon mehrfach ausgezeichnetes Programm. Hier kann man des Öfteren Filme im Original mit Untertiteln anschauen oder manchmal zu Gast sein bei einer Filmpremiere nebst Regisseur. In drei Kinosälen wird sich in die roten Plüschsitze gedrückt und genüsslich das Popcorn oder die Chips geknuspert. Im Sommer kann man im Vorfeld auch noch im Hinterhof sitzen und etwas trinken.

Das Kino war zunächst ein Varietétheater mit gelegentlichen Filmaufführungen. Ab 1929 war es dann ein prachtvoller Kinosaal, ab da hieß es: »Vorhang auf, Film ab!« Im Zweiten Weltkrieg wurde durch die Nähe zum Hauptbahnhof alles zerstört. Dies ermöglichte beim Wiederaufbau peu à peu den Bau von drei neuen Kinosälen. Die schlechten Zeiten kamen, als die Etablierung der Fernseher in den deutschen Haushalten begann. Besitzerwechsel und die außergewöhnliche Programmauswahl verhalfen dem Schauburg-Filmtheater aber wieder zum heutigen neuen Glanz.

Adresse Marienstraße 16, 76137 Karlsruhe-Südstadt, www.schauburg.de | ÖPNV
Straßenbahn 2, S 1, S 4, S 11, S 41, S 51, Haltestelle Werderstraße | **Tipp** Wer nach dem
Kino noch einen Absacker braucht, der kann auch noch spät in die Bar Milano in der
Marienstraße 34 gehen. Eine klassische Bar mit Fußballübertragungen, vor allem von
KSC-Spielen (www.barmilano1958.blogspot.de).

83 Die Skaterhalle

Ein Stück Berlin für das »junge Boarderpack«

»Wenn es dunkel wird, fliegen die Motten zum Licht.« – So in etwa ist es mit den betont cool gehenden, meist männlichen Halbwüchsigen, zumindest in der kalten Jahreszeit. Sie bewegen sich mit Cappy auf dem Kopf und Board unterm Arm in der Dämmerung so gegen 16 Uhr, im Winter schon bald finstere Nacht, zum einzig trockenen Skateboarder-Treffpunkt für Jugendliche. Sie huschen um eine unscheinbare Mauer herum und verschwinden in einem Mauerdurchlass neben einer Autowerkstatt. Wenn man nicht schon das laute Geräusch von kleinen Rollen auf Holzplanken aus dem oberen Stock hören würde, hätte mit Sicherheit jede besorgte Mutter beim Hinbringen des Nachwuchses spätestens jetzt gedacht: »Bist du hier wirklich richtig?«

Man bahnt sich seinen Weg weiter durch ein mit lauter Graffitis besprayltes Hinterhaus und steigt die Treppen hinauf. Könnte auch irgendwo im Hinterhof mitten in Berlin-Moabit sein. Noch ein kurzer schmaler Gang an den Toiletten und an der Pinnwand mit bereits geschrotteten Skateboards vorbei, dann öffnet sich der Raum.

Laute Musik, Skateboards und Stunt-Roller dröhnen durch die immerhin 600 Quadratmeter große Halle. Ausstaffiert ist sie mit Quarters, Banks, Wallrides, Halfpipes und was das Skateboarder-Herz noch so höherschlagen lässt. Rauchen ist in der Halle strikt verboten, da die Anlagen komplett aus Holz gebaut sind. Eine Aufsicht ist immer vor Ort. Man kann einfach mal so vorbeischauen und einmalig zahlen, oder man wird Mitglied im Rollbrett e.V. Für angesagte Geburtstage kann die Halle exklusiv gemietet werden. Interessierte Anfänger und Fortgeschrittene können an Workshops teilnehmen.

Es herrscht ein buntes Treiben in der Halle, und jeder versucht auf jeden Rücksicht zu nehmen, ein Blick für freie Bahnen wäre trotzdem ratsam. Wenn dann ein neuer Trick gelingt, erntet man vielleicht sogar ein »krass, Alter«.

Adresse Borsigstraße 116b, 76185 Karlsruhe-Mühlburg, www.rollbrettev.blogspot.de |
ÖPNV Straßenbahn S 5, S 52, Haltestelle Starckstraße | **Öffnungszeiten** Mo–Fr
16–22 Uhr, Sa 15–22 Uhr, So 15–21 Uhr | **Tipp** Da man in der Halle keine Getränke
oder Schokoriegel kaufen kann, ist es prima, dass ein Supermarkt direkt gegenüber der
Halle liegt. Boarden verbraucht oft mehr Flüssigkeit und Energie, als im Rucksack zum
Auftanken mitgebracht wurde.

84 Das Skulpturenpaar

Die Hässliche erschrickt die Schöne

An der Bannwaldbrücke stehen sich zwei Skulpturen von Markus Lüpertz gegenüber – Kunst im Dialog mit sich selbst sozusagen.

Der Name des Ensembles regt bei der Betrachtung zum Nachdenken an: Was ist überhaupt schön? Liegt im Hässlichen nicht auch etwas Anziehendes? Das Paradox der Hässlichkeit: Das nach klassischen Schönheitsidealen und ästhetischen Maßstäben als »hässlich« Empfundene hat bei Kunstwerken einen anderen, ganz eigenen Reiz. Man ist fasziniert und muss einfach hingucken. »Schön« mutiert zu »langweilig«. Dieses Spannungsfeld hat Lüpertz auf der Bannwaldbrücke unweit der Europahalle wohl im Sinn gehabt. Die Figuren machen sich über die Bahngleise hinweg gegenseitig an – auf ihre eigene, unvollkommene Art. Für annähernd vollkommen scheint sich der Künstler dagegen selbst zu halten. Er gilt als egozentrisch und wird in der Kunstszene als »Fürst« bezeichnet. An Selbstbewusstsein mangelt es ihm nicht, und seine Ausdrucksweise ist durchaus medienwirksam.

Markus Lüpertz wurde 1941 in Böhmen geboren, die Familie floh 1948. Er studierte an der Werkkunstschule Krefeld und hatte als Student ein desaströses Stelldichein mit der Uni Düsseldorf. Nachdem sich aber künstlerische Erfolge als neoexpressionistischer, junger Wilder einstellten, kam auch Düsseldorf nicht mehr um ihn herum. Mit 30 Jahren wurde er zunächst jüngster Kunstprofessor an der staatlichen Akademie der Künste in Karlsruhe, wo er 1976 bis 1987 lehrte.

1986 konnte er dann als anerkannter Künstler mit einer Professur in der Tasche nach Düsseldorf zurückkehren: Bestimmt mit einem kleinen »Ätsch, und ich hab's doch geschafft!«. Von 1988 bis 2009 war er dort Rektor. Lüpertz blieb künstlerisch polarisierend und ein Freigeist. Er hat einen Wohnsitz in Karlsruhe, ist aber auch viel unterwegs. Auch Lyrik und Musik spielen eine Rolle im Künstlerleben des Impulse setzenden Neoexpressionisten.

Adresse Bannwaldbrücke, 76135 Karlsruhe-Südweststadt | **ÖPNV** Straßenbahn 1, Haltestelle Europahalle oder Bannwaldallee | **Tipp** Wer sich für moderne Sprayer-Kunst interessiert, der kann unter dieser und unter den anderen Verkehrsbrücken an der Alb zahlreiche Motive finden. Eine ständig wechselnde »Ausstellung«.

85 Der Skulpturenweg

Am Bocksbach wird nicht »ins Bockshorn gejagt«

Man wird hier wahrlich nicht auf die falsche Fährte gelockt, sondern der kunstinteressierte Spaziergänger wird durch eine schöne Beschilderung geleitet. Die Natur und etwa 30 Kunstobjekte verbinden sich hier »in Wegesform« – so wird es jedenfalls im örtlichen Flyer zum Thema verheißungsvoll beschrieben. Und so ist es auch, denn der Skulpturenweg schlängelt sich durchs beschauliche Bocksbachtal und führt zu unterschiedlichsten Objekten aus Holz, Stein und Metall. Ein Kunstbandwurm, eine Open-Air-Galerie, eine gelungene Sammlung.

Begonnen hat alles mit Kettensägen und zwei Baustämmen. Es war eine Auftaktperformance mit Aufforderungs-Charakter, denn die Einladungen dazu wurden an etwa 800 andere Gemeinden verschickt. Es wurde um Teilnahme weiterer Künstler am geplanten Weg geworben, und der Rücklauf war mehr als erfolgreich. Eine unabhängige Jury traf dann eine erste Auswahl aus den Arbeiten interessierter Künstler. Die Gemeinde betätigte sich mit dieser Aktion als »Galerist«, denn die Skulpturen wurden nicht gekauft, sondern gegen kleine Gebühr geliehen. Sie sind jeweils mit einem Schild zu Objekt und Künstler bestückt.

Man könnte sich hier auf der grünen Wiese zum Kunstkauf animiert fühlen, die Künstler würde es sicher freuen. Natürlich tragen ein solches Projekt wohlwollende Sponsoren und einflussreiche Befürworter. Trotzdem Chapeau für diesen gelungenen Weg. Die Mühlen der Bürokratie hätten andernorts wahrscheinlich sehr langsam gemahlen, um überhaupt einvernehmlich einen Standort für ein solches Vorhaben zu bestimmen. Schön für die Karlsruher, dass er sich direkt vor der Haustür befindet.

Der erste Glanz ist zwar schon ab, die Natur umrankt im Spätsommer so manches Objekt etwas ausladend und einnehmend, aber zu entdecken gibt es dennoch vielseitige Kunsterlebnisse am Wegesrand. Kurzweilig und unprätentiös.

Adresse parallel zur Bockstalstraße, 76327 Pfinztal, www.pfinztal.de | **ÖPNV** Straßenbahn und Regionalbahn S 5, R5, Haltestelle Kleinsteinbach | **Öffnungszeiten** frei zugänglich | **Tipp** Direkt im alten Bahnhofsgebäude befindet sich das Lokal Hühnerdieb, Burgstraße 4, mit einladendem Außenbereich und mit halben Hähnchen in verschiedenen Schärfestufen.

86 Das Sonnenbad

Im Freien baden ... bis in die Weihnachtszeit

Ganz nach dem Motto »nur die Harten kommen in den Garten« besuchen hartgesottene Vielschwimmer gerne das Sonnenbad, denn es öffnet immer als erstes Freibad sein Drehkreuz. Die Saison beginnt hier schon Anfang Februar (!) und endet erst am 1. Advent (!). Damit gehört es zu den wenigen Badern, in denen Schwimmer auch in den kalten Monaten open air ihre Bahnen ziehen können. Man muss sich in der Vor- und Nachsaison dennoch keine Eislöcher klopfen, um ins Wasser zu gelangen, denn es ist beheizt und mit 25 bis 28 Grad wohlig warm und manchmal leicht dampfend.

Möglich ist dieser an Island erinnernde Badebetrieb nur durch die Abwärme des in unmittelbarer Nachbarschaft liegenden Heizkraftwerks, das den Badegast aber optisch nicht stört. In Island wird dafür allerorten die günstige natürliche Erdwärme genutzt. Hierzulande muss man allerdings einen kleinen Heizkostenaufschlag für die gedehnte Außensaison zusätzlich investieren. Durch günstige Dauerkarten, die finanzielle Unterstützung des Förderkreises sowie durch zahlreiche Sponsoren wird dieser preislich attraktiv wieder aufgefangen. Viele Sonnenliegen säumen das 50-Meter-Sportbecken wie einen Hotelpool. Es gibt eine weitläufige Liegewiese mit Spielplatz, Rutsch- und Nichtschwimmerbecken, und an zwei Tagen in der Woche wird sogar eine Kinderbetreuung für Eltern-Vielschwimmer angeboten.

Das Bad ist von Osten kommend ein tolles Ziel per Fahrrad, denn der Albtal-Radweg schlängelt sich immer parallel entlang des Bachs und führt durch den sehr schönen Grünflächengürtel direkt zum Schwimmbad am Rheinhafen. Ideal also für einen Frühjahrs-Familienausflug, bei dem schon die Sommer-Badehose eingepackt wird. Zwei Saunen auf dem Dach des Bades machen das nordisch angehauchte Wellness-Vergnügen perfekt, und in der kalten Jahreszeit sind die Innenräume für die »Warmduscher« unter uns zum Glück beheizt.

Adresse Am Sonnenbad 3, 76189 Karlsruhe-Mühlburg, www.ka-baeder.de | **ÖPNV** Straßenbahn 5, Haltestelle Rheinhafen | **Öffnungszeiten** Mo, Mi, Fr 10–20 Uhr, Di, Do 10–22 Uhr, Sa, So 10–17 Uhr, in der Hauptsaison öffnet das Bad eine Stunde früher | **Tipp** Traditionell findet im Spätsommer ein Zwölf-Stunden-Schwimmen für einen guten Zweck statt. Jeder geschwommene Kilometer wird in Euro umgewandelt und gespendet.

87 Die Spuren Prochaskas
Der Mann mit der Kettensäge im Malerdorf

Künstlerkolonien sind ein europäisches Phänomen der Jahrhundertwende. Jedem Norddeutschen fällt dabei sofort Worpswede ein – eine Künstleroase, die es zu einem hohen Vermarktungspotenzial gebracht hat.

Das Malerdorf in Grötzingen hat sich etwa zeitgleich in Anlehnung an diese Bewegungen formiert. Maler aus Karlsruhe schlossen sich als kleine Gruppe zusammen und zogen raus aufs Land, zumindest vor die Tore der Stadt und in eine inspirierende Landschaft. Eine Art erste »back to nature«-Bewegung, denn die Motive der Maler waren Landschaftsszenen. Bekannteste Mitglieder der Grötzinger Kolonie waren Friedrich Kallmorgen, Gustav Kampmann, Margarethe Hormuth-Kallmorgen, Karl Biese, Jenny und Otto Fikentscher und Franz Hein. Es gibt zahlreiche Nachfolge-Maler, aber an den Ruhm von Worpswede kam man in Grötzingen nie heran.

Dennoch machen auch hier Künstler von sich reden. Einer sogar mit sehr lautstarkem Gerät und mit Ausstellungen von internationalem Format. Man kommt an ihm in Grötzingen auch nicht vorbei, denn irgendwo steht immer ein Baumstumpf, der seine künstlerische Handschrift trägt. Der Aktionskünstler Guntram Prochaska ist ein Sohn Grötzingens, und seine oft farbigen Holzskulpturen entstanden durch massiven Kettensägeneinsatz. Die totemhaften Figuren sind mal gute Geister der Hoffnung, mal Engel, mal verschmitzte Fabelwesen. Sie haben jedenfalls alle einen ganz eigenen Charakter und stehen vor Karlsruher Gebäuden, in Thailand am Strand, in New York, Barcelona oder waren schon auf der Documenta in Kassel zu sehen.

So mancher Hausbesitzer mit Baumbruch-Material im Garten hat den Künstler schon beauftragt, eine Skulptur daraus zu schaffen. Baum, Bruch, Kettensäge, Prochaska, das ist so eine gewisse kausale Kette mit der Säge. Eine ideenreiche jedenfalls und damit ein kreatives Aushängeschild für das Malerdorf Grötzingen.

Adresse Niddastraße, Niddaplatz, vor dem Restaurant Bundschuh, am Grollenberg, 76229 Karlsruhe-Grötzingen, www.guntram-prochaska.de | **ÖPNV** Straßenbahn S 4, S 5, Haltestelle Grötzingen Bahnhof | **Tipp** Alle zwei Jahre findet die »Grötzinger Kulturmeile« statt, mit Ausstellungen der ansässigen Künstler an etwa 50 Stationen, mit Musikbühnen, Vorführungen und Verpflegung durch die Vereine – dann erwacht die Malerkolonie zur kleinen »Grötzinger ART« (www.kulturmeile-groetzingen.de). Etwas weiter rein ins Pfinztal lohnt sich das Hotel-Restaurant Zum Laub, Karlsruher Straße 87, Pfinztal-Berghausen. Ein historisches und traditionsreiches Haus, in dem schon Napoleon haltmachte (www.zumlaub.de).

88 Die Staatliche Münze

Die Lizenz zum Geldprägen

Jeder hätte wohl gern einen Goldesel – aber bitte im Stall, muss ja nicht jeder gleich sehen, dass man reichlich Münzen hat. So verhält es sich auch mit der Staatlichen Münze in Karlsruhe. Von außen sieht man nur ein sehr schönes klassizistisches Gebäude mit Wappen, ein großes Tor und ein kleines Hinweisschild. Es wurde von Friedrich Weinbrenner erbaut, 1827 eingeweiht und ist seither Münzprägeanstalt.

Außer dem ersehnten Goldesel aus dem Märchen hatte einst nur der König das Recht zur Münzprägung. Es wurde später auf Kurfürsten erweitert, und so bekam Karlsruhe Prägerecht. Heute liegt alles in der Hand des Staates, und allein die Deutsche Bundesbank darf Münzen und Scheine in Umlauf bringen. Die Verlockung des Geldes ist auch in heutigen Zeiten noch groß und in der Münze offenbar zuweilen zu groß. Karlsruhe hatte Anfang der 1970er Jahre einen satten Münzskandal, denn Mitarbeiter waren der geprägten Versuchung erlegen. Dies geschah aber nicht durch das gemeine »Fußvolk« der Bediensteten, sondern durch Mitglieder der Chefetage. Es kam zu illegalen Prägungen vor allem wertvoller Sammlerstücke, die als Bückware unterm Münztresen an Sammler verkauft und weitergegeben wurden. Es entstand damals ein geschätzter Schaden von einer halben Million Mark. Verurteilt wurde aber nicht wegen Falschmünzerei, sondern wegen Diebstahls, denn die wieder eingezogenen illegalen Münzen wären sozusagen privat und »in Unkenntnis der Rechtslage« hergestellt worden. Soso.

In Deutschland gibt es insgesamt fünf Prägestandorte. Karlsruhe hat als Kennung den Buchstaben »G«. Geprägt werden neben Umlaufmünzen auch Sammler- und Gedenkmünzen, Medaillen, Dienstsiegel und Orden. Geliefert wird auch über die Landesgrenzen hinaus, denn der Euro wird auch von europäischen Staaten ohne eigene Münzstätte benötigt. Seit dem Skandal gab es allerdings keine »privaten« Prägungen mehr.

Adresse Stephanienstraße 28a, 76133 Karlsruhe-Innenstadt-West, www.staatlichemuenzenbw.de | **ÖPNV** Straßenbahn 1–6, S 1, S 2, S 5, S 11, S 51, S 52, Haltestelle Europaplatz | **Tipp** Da sich hier alles ums Geld dreht, nimmt man sein Frühstück oder den Nachmittagstee am besten im Goldstück, Karlstraße 9 (www.dasgoldstueck.de). Kochevents werden auch veranstaltet.

89 Das Staatsweingut

Der »Stadtwein« vom Karlsruher Südhang

»Wein, Weib und Gesang« – diese Drillingsformel war wohl das Motto des Bonvivants Karl Wilhelm, Markgraf von Baden. Den Wert hiesiger Hanglagen wussten schon die Römer zu schätzen und brachten bereits vor 2.000 Jahren die Weinbaukultur nach Karlsruhe. Herold von Berghausen schenkte einst dem Kloster Lorsch ein großes Rebstück, das ab dem Mittelalter als Turmberg bezeichnet wurde. Der Weinanbau erfolgte zu jener Zeit um den gesamten Hügel. Angelegte Terrassen kann man noch erkennen.

Die Anlage des heutigen Rebbergs geht auf Stadtbaumeister Christian Hengst (der übrigens Begründer der wohl ersten freiwilligen Feuerwehr Deutschlands war) zurück, der im Auftrag von Markgraf Wilhelm in der Mitte des 19. Jahrhunderts die Terrassen und Mauern anlegen ließ. Der Weinberg wurde später an die Stadt Durlach veräußert und landete über einige andere Stationen im Besitz der L-Bank. Der Hang überlebte die wechselnden Besitzer genauso wie den Befall durch die Reblaus. Rebveredelung und verschiedene Anbauversuche wurden hier durchgeführt, geblieben ist der Weinanbau der Rebsorten Riesling, Auxerrois, Weiß- und Grauburgunder, Muskat-Ottonel, Lemberger und Spätburgunder. Lauter badische Klassiker. Karlsruhe ist von der Sonne verwöhnt, so viel steht fest. Aber auch der Untergrund bietet idealen Nährboden für die traditionellen Reben durch Muschelkalk und Löss auf Buntsandsteingrundlage.

Der Gutshof in Hohenwettersbach, einstmals Hochzeitsgeschenk von Markgraf Karl Wilhelm an seine Tochter Karoline zur Vermählung mit Friedrich Schilling von Cannstatt, hat ebenfalls Weinanbau in großem Stil betrieben. Dort verkaufte man nach und nach das Rebland, die Flächen wurden in Bauland umgewandelt. Das Staatsweingut überdauerte all dies und produziert munter erlesene Tröpfchen in stadtnaher Lage. Gleich nebenan beginnt das Hexenstäffele. Über die 528 Stufen kann man den Turmberg zu Fuß erklimmen.

Adresse Posseltstraße 19, 76227 Karlsruhe-Durlach, www.turmbergwein.de | **ÖPNV** Straßenbahn 1, 8, Haltestelle Karl-Weysser-Straße | **Öffnungszeiten** Weinverkauf: Mo, Mi und Fr 8.30–12.30 Uhr, Di und Do 15–19 Uhr und jeden 1. Sa im Monat 10–14 Uhr | **Tipp** Es gibt diverse Veranstaltungen, Verköstigungen und Weinproben auf dem Weingut, bei schönem Wetter auch im Innenhof. Nähere Informationen auch unter Tel. 072/940570. Das Staatsweingut unterhält auch einen Online-Weinshop.

90 Die Stadtmauer um Durlach

Wehrhaft und doch vom eigenen Ableger einverleibt

Durlach ist so etwas wie die ehemalige Keimzelle der Residenzstadt Karlsruhe. Die Wurzeln des Stadtteils reichen weit zurück. Einen römischen Gutshof und antike Funde hat man ausgraben können. Da war Karlsruhe noch lange nicht erträumt …

Durlach erlangte im Mittelalter Stadtrecht, hatte eine eigene Gerichtsbarkeit, Handwerkszünfte und anständige Bürger. Diesen fiel Konrad II., Herzog von Schwaben und Sohn des Kaisers Barbarossa, 1196 nach einer begangenen Schandtat in die Hände: Die Geschichtsschreiber gehen davon aus, dass er sich bei seinem kurzen Aufenthalt während eines Kriegszuges ungestüm an einer Durlacherin verging. Später wurde er aus Rache tödlich verletzt. Man setzte sich also zur Wehr in dieser hübschen Stadt, die ringförmig von der mittelalterlichen Stadtmauer umschlossen war. Heute erkennt man den Verlauf noch an der Straßenführung, an den alten Gebäuden entlang der ehemaligen Befestigung und an noch vorhandenen Mauerresten. So richtig in Fahrt kam Durlach, als Markgraf Karl II. 1565 seine Residenz von Pforzheim hierher verlegte. Der »Karle mit de Dasch« erneuerte die Befestigungsanlagen und ließ ein Jagdschloss zur Karlsburg ausbauen.

Durlach wuchs und gedieh ansehnlich durch Beamtenzuzug, und auch das Gymnasium machte von sich reden. Der Dreißigjährige Krieg machte aber leider fast alles zunichte, und nur kurz darauf setzte 1689 der Pfälzer Erbfolgekrieg vorerst den Schlusspunkt: Durlach wurde niedergebrannt. Der Neuanfang verlief schleppend. Die markgräfliche Familie erkannte die Chance zur Neugestaltung im großen Stil. Bei den stolzen Durlachern fand man dafür aber wohl nicht viel Verständnis, sodass man sich am Hofe dann lieber Karlsruhe erträumte. Durlach verlor an Bedeutung und wurde 1938 gegen den Willen der Durlacher von Karlsruhe eingemeindet.

Adresse An der Stadtmauer, 76227 Karlsruhe-Durlach | **ÖPNV** Straßenbahn 1, 8, Haltestelle Schlossplatz | **Tipp** Besonders gut erkennt man die Stadtmauer noch in der Straße An der Stadtmauer und südlich der Pfinzstraße von einem Fußweg aus. Das schöne Hotel und Restaurant Zum Ochsen liegt gleich hier, Pfinzstraße 64, und serviert gehobene französische Küche (www.ochsen-durlach.de).

91 Der Stephanbrunnen

Skandalbrunnen von 1905

Oje Karlsruhe … prüde, verstaubt, verbeamtet und ohne künstlerische Wagnisse, so war die Stadt offenbar zu Beginn des 20. Jahrhunderts.

Ein Brunnen sollte den Stephanplatz verschönern, da man zumindest der Ansicht war, es würden zu wenig Möglichkeiten für junge Künstler geschaffen, in der Stadt aktiv zu werden. Es wurde kein Wettbewerb ausgeschrieben, sondern Hermann Billing mit dem Entwurf beauftragt. Er legte einen Plan vor, der eine nackte Quellnymphe aus Bronze in der Mitte einer Brunnenschale vorsah. Skandal!! Dem Stadtrat ging so viel zentrale nackte Schönheit zu weit. Hermann Billing korrigierte den Entwurf und schob die vom Bildhauer Hermann Binz geschaffene Nymphe dicht an den Rand.

Durch den Disput mit dem Gemeinderat sahen sich die beiden Künstler aber angestachelt, den Entwurf nochmals zu überarbeiten. Das runde Becken aus Stein, gesäumt von Pfeilern, die einen steinernen Abschlussring tragen, erhielt noch einen trotzigen Extra-Pfiff: In jeden der 14 Pfeiler wurde ein Männergesicht eingearbeitet, darunter die Porträts der Gemeinderatsmitglieder. Der damals schärfste Nacktheits-Kritiker wurde mit einer Extraportion nackter Nixe bedacht: Sie krault sein Porträt am Kinn.

Eigentlich verwunderlich, dass dies keinen Skandal auslöste. Hermann Billing wurde zukünftig allerdings leider eher weniger mit Aufträgen bedacht.

Heutige Künstler erlangen oftmals gerade erst durch Skandale einen Werte schaffenden Bekanntheitsgrad. Man würde alles posten und twittern und sonst wie medial verbreiten. Die Karlsruher zumeist gutbürgerliche Bevölkerung empörte sich zunächst ebenfalls, doch man gewöhnte sich an die Schöne mit den zwei Gießkrügen. Neben ihr finden heute Markttage auf dem Stephanplatz statt, und kaum einer nimmt Notiz von der entblößten Bronzefigur. Heute ist die Welt übersättigt mit nackten Wahrheiten.

Adresse Stephanplatz, 76133 Karlsruhe-Innenstadt-West | **ÖPNV** Straßenbahn 1–6, S1, S2, S5, S11, S51, S52, Haltestelle Europaplatz | **Tipp** Markttage sind auf dem Stephanplatz Montag, Mittwoch und Freitag ab 7.30 Uhr. Falls noch guter Käse zu Obst und Gemüse fehlt: die Karlstraße vom Stephanplatz aus gen Süden fahren und in der Käsehütte einkaufen, Karlstraße 73, 76137 Karlsruhe. Dort gibt es alles für ein Schweizer Vesper. Ein bisschen Almglück fürs Brot.

92 Das Stephanienbad

Vom Tanzsaal eines Badetempels zum
Gemeindezentrum

Das »unzüchtige Treiben« begann 1780 mit einem hölzernen Badehaus in Beiertheim an der Alb. Noch über 100 Jahre später wurden
Frauen in einteiligen, engen Badeanzügen in Arrest genommen …
Es war damals wohl ein echter Spagat zwischen erster Freizügigkeit
und der gesellschaftlichen Vorgabe, noch genügend Stofflagen am
Leib zu tragen. Dementsprechend verhalten war zunächst der Zu-
lauf. 1807 übernahm ein Wirt den Badebetrieb. Er machte aus der
Anlage eine Art Wellness-Oase. Er legte zusätzlich ein Warmbad an
und reicherte das Albwasser mit Mineralien zu einem Kurbad an.
1811 begann er nach Plänen von Friedrich Weinbrenner das Badehaus durch ein großes Gesellschaftsgebäude mit Tanzsaal und Gastronomie zu ergänzen. Umliegend wurde ein englischer Flanier-Park
angelegt. Prinzessin Stephanie, die Adoptivtochter Napoleons und
Gattin von Großherzog Karl, gab noch ihren Namen hinzu, und fer-
tig war die erfolgreiche »Event-Gastronomie«.

Das Stephanienbad kam dann leider bei zahlungskräftigen Kun-
den aus der Mode. 1827 wurde es verkauft und nahm später als Wäscherei nochmals Fahrt auf. Zeitweise arbeiteten dort etwa 60 Wä-
scherinnen aus Beiertheim. Der Badebetrieb blieb bestehen und
verfügte über mehr als 30 Einzelkabinen mit Wanne und Dusche,
ein Schwimmbad für Männer, später noch eins für die Damen, alles sehr sittsam. 1903 wurde es ein Licht-, Luft- und Sonnenbad
mit neuem Gästeansturm, der 1905 aber schlagartig verebbte, denn
dem Stephanienbad wurde das Wasser abgegraben: Die Alb musste
durch den Bau des neuen Hauptbahnhofs verlegt werden. Der Park
und die größte Pappel Europas fielen den Baumaßnahmen zum Opfer. So geriet der schöne Bau hinterm Bahndamm in Vergessenheit.

Das Stephanienbad ging später in den Besitz der Paul-Gerhardt-
Gemeinde über und wurde in den 1990er Jahren umfassend zu heu-
tiger Pracht für Gottesdienste und Feste saniert.

Adresse Breite Straße 49a, 76135 Karlsruhe-Beiertheim-Bulach | **ÖPNV** Straßenbahn S 1, S 4, S 11, S 41, S 51, Haltestelle Albtalbahnhof | **Tipp** Das Stephanienbad dient mit dem schönen Kirchensaal auch als musikalischer Veranstaltungsort. Private Anlässe können in diesem prächtigen Haus im mietbaren Gesellschaftsraum mit Nutzung des Außengeländes gefeiert werden. Sehenswert sind die in Karlsruhe seltenen Fachwerkhäuser Beiertheims parallel zur Alb.

93 Die Sternwarte

Fernrohr mit Geschichte

In Karlsruhe gibt es zwar kein fliegendes Klassenzimmer, stattdessen aber ein Schuldach mit einer besonderen »Beule am Kopf«. Wie ein zugeflogenes Ufo thront die Sternwarte mit dem denkmalgeschützten Fernrohr dort oben. Die Geschichte der »Dach-Beule« des Max-Planck-Gymnasiums führt, bedingt durch den historischen Hintergrund, über mehrere Stationen.

Der astronomische Startschuss in Nordbaden fiel 1752 in Heidelberg durch die Berufung des Astronomen Christian Mayer an die Universität der Neckarstadt. Der Pfälzer Kurfürst ließ sich durch ihn für die Astronomie so begeistern, dass er im Schwetzinger Schloss in einem kleinen Turm ein Observatorium bauen ließ, sogar mit Zugang von seinen persönlichen Gemächern aus. Ein echter Astro-Fan! 1772 wird der Bau der Mannheimer Sternwarte in einem höheren Turm begonnen. Die Technik schritt fort, und auch die Fernrohre zur Sternbeobachtung wurden stetig verbessert. 1859 bekamen die Mannheimer Astronomen durch die Fürsprache des Großherzogs Friedrich I. die Investition in einen Sechszoll-Refraktor bewilligt.

Dann kam Karlsruhe ins Spiel. Der neue Sternwarten-Direktor Karl Wilhelm Valentiner wollte Mannheim mitsamt dem Observatorium verlassen, denn im Stadtbereich bot sich seiner Ansicht nach keine ausreichende Fernsicht mehr. Der Großherzog begrüßte den Umzug nach Karlsruhe, und es entstand ein Provisorium im heutigen Nymphengarten. Man hatte Großes vor, doch das Finanzministerium genehmigte nicht das nötige Geld. So wanderte das Observatorium mit dem Refraktor abermals weiter, diesmal auf den Königsstuhl bei Heidelberg. 1957 bot die dortige Landessternwarte das historische Fernrohr zur Nutzung in einer Schulsternwarte an. So bekam 1959 das Schuldach eine »Beule« und Karlsruhe eine Volkssternwarte. Wer dem Fernrohr näher kommen möchte, nimmt an einer der freitäglichen Führungen der Astronomischen Vereinigung Karlsruhe teil.

Adresse Max-Planck-Gymnasium, Krokusweg 49, 76199 Karlsruhe-Rüppurr, www.avka.de | **ÖPNV** Straßenbahn S 1, S 11, Haltestelle Ostendorfplatz | **Öffnungszeiten** jeden 2. Fr 20–20.30 Uhr, nur bei klarem Himmel | **Tipp** Bei besonderen Ereignissen am Sternenhimmel gibt es in der Sternwarte auch so manches Mal ganz schön Gewimmel. Dann empfiehlt es sich, früh dort zu sein! Der Oberwald mit dem Tierpark ist nicht weit.

94 Die Straßenbahn

Fluch und Segen zugleich

Wohin das Auge reicht, in der Stadtmitte schaut Karlsruhe in diesen Jahren ganz schön in die Röhre. In die Tunnelröhre. Baugruben, Baufahrzeuge, schweres Bohrgerät und Bauzäune verwandeln das Stadtbild in eine gigantische Großbaustelle. Von Stadtbesuch zu Stadtbesuch verändern sich Straßenführungen, die Lage von Haltestellen, die Fahrpläne. Die Karlsruher scheinen sich aber daran zu gewöhnen, in der Hoffnung, dass sich die Löcher irgendwann wieder schließen und die Kaiserstraße zu einer Flaniermeile mit Straßencafés und ohne Straßenbahn-Gequietsche wird. Es wurde ja auch vorsorglich das Volk dazu befragt, mehrmals sogar. Vorschläge wurden diskutiert, weiterentwickelt und als Bürgerentscheid veröffentlicht. Die Bevölkerung ist nach den ersten großen Baumaßnahmen in eine gewisse Duldungsstarre gefallen und erträgt das mehrheitliche Ja zur Kombilösung (Teilausbau als U-Bahn). Als Sympathieträger wurde dafür sogar ein Maskottchen entwickelt, der »Kombi-Karle«, ein Grinse-Maulwurf mit Schippe und Bauweste – wenn's hilft …

Die Karlsruher Straßenbahn als solche hat ansonsten einen ausgezeichneten Ruf. Angefangen hat alles mit dem innerstädtischen Straßenbahnnetz und mit der Anbindung der Albtalbahn. Das fand großen Zuspruch, und so wollte die Stadt ihr Netz auch in andere Richtungen überregional ausweiten. Neue Gleisanlagen für Straßenbahnen waren aber meist nicht möglich, und so zog man die Mitnutzung der Gleise der Bundesbahn in Erwägung. Da war nur ein Problem: Bisher gab es keine Stadtbahnfahrzeuge, die auf beiden Gleissystemen und mit den zwei unterschiedlichen Stromspannungen betrieben werden konnten. Diese weltweite Innovation kann sich Karlsruhe auf die Fahnen schreiben, denn 1986 ging das erste Zweisystem-Stadtbahnfahrzeug auf die Gleise, ein »Karlsruher Modell«. Karlsruhe hat dadurch im Lauf der Jahre zwei der größten deutschen Straßenbahnliniensysteme miteinander vernetzt.

Adresse beispielsweise Kaiserstraße, 76133 Karlsruhe-Mitte, www.kvv.de | **ÖPNV** Straßenbahnen des gesamten Stadtbereichs | **Tipp** Der gesamte Liniennetzplan der Straßenbahnen wird sich nach Fertigstellung der Kombilösung massiv verändern. Es lohnt daher, immer wieder einen Blick auf die aktuellen Pläne der KVV zu werfen. Erläuterungen zur Kombilösung findet man unter www.diekombiloesung.de.

95 Die Streuobstwiesen

Mein Freund, der Baum ... mit Saft und Kraft

Der Apfel fällt nicht weit vom Stamm, was er in den Streuobstwiesen aber durchaus dürfte. Vor dem Fall kommt aber zunächst die Blütezeit. Die ist optisch ein echter Frühjahrskracher, denn wenn die Obstbäume rund um die Bergdörfer blühen, gibt es kein schöneres Spazier-Revier. Betörend süßliche Düfte und junge Triebe all inclusive. Unter den großen Baumkronen grasen immer wieder auch Schafe, Ziegen und Pferde. Bei Hohenwettersbach kommt man sich zeitweise vor wie im Allgäu, denn die Kühe auf den Streuobstwiesen verbreiten alpenländischen Kuhglocken-Sound. Es ziehen sich zahlreiche schmale Wirtschaftswege durch dieses Obstbaumschauspiel, und man kann die erste Frühlingssonne auf der noch winterblassen Haut genießen. Den Bienen muss das genauso gefallen, denn Imker stellen hier gern ihre Völker ab. Überall summt es.

Allein in Baden-Württemberg gibt es über 1.000 verschiedene Baumobstsorten. Diese Vielfalt ist unbedingt schützenswert. Die Stadt, Streuobstinitiativen, Privatpächter und Besitzer bemühen sich, diese Landschaftsform in ihrer Vielfalt und in ihrem ökologischen Wert zu erhalten.

Die Ernte lässt sich schmackhaft nutzen. Alte Obstsorten sind stark im Aroma, oft weniger allergen, und Streuobst ist in der Regel nicht mit Pestiziden behandelt. Auch das privat geerntete Obst kann in großen Mengen gemostet werden. Man erhält zum Beispiel beim Obsthof Wenz in Pfinztal-Söllingen oder durch eine Saftpresse in Bulach sehr leckeren, haltbaren, naturtrüben Obstsaft in 5-Liter-Kanistern. Für den Städter ohne Baum gibt es alternativ den »Karlsruher Saft« oder andere Streuobstprodukte bereits im Supermarktregal. Obst schmeckt eingemacht, als Mus, als Fruchtaufstrich, getrocknet oder mit Brennrecht auch veredelt als Obstbrand. Der volle Genuss für alle Sinne. Der Apfel war ja schon in der Mythologie ein starkes Symbol. Lassen wir uns also aus diesem Obst-Paradies nicht vertreiben.

Adresse beispielsweise Ochsenstraße, 76228 Karlsruhe-Hohenwettersbach, aber eigentlich überall zwischen den Bergdörfern | **ÖPNV** Bus 24, 44, Haltestelle Hohenwettersbach Mitte | **Tipp** Früher war der Verzehr der Früchte dieser verlockenden Obstbäume Mundraub. Heute darf man in kleinen Mengen für den sofortigen Verzehr auch mal naschen, sofern kein Betretungsverbot vorliegt. Äpfel und mehr kann man im Hofladen vom Batzenhof kaufen, selbst wenn der Laden zu ist. Es stehen immer abgepackte Äpfel bereit gegen Geldeinwurf (www.gut-batzenhof.de).

96 Die Theater-Trilogie

Theater in allen Varianten unter einem Dach

Der Spielort dieser drei Theater unter einem Dach ist ein altes Gebäude der Stadtwerke. Man kann da schon mal durcheinanderkommen, wenn man eine Karte kaufen möchte, denn es gibt natürlich auch drei Spielpläne und unterschiedliche Kartentelefone, also aufgepasst! – Das Marotte-Figurentheater ist natürlich etwas Besonderes mit den Handpuppen, Marionetten und Schattenfiguren. Es werden nicht nur Stücke für die Kleinsten gespielt, wie zum Beispiel »Der kleine Eisbär« oder »Der Grüffelo«. Es gibt auch anspruchsvolle Theater-Kuriositäten für Erwachsene wie »17, blond und scharf wie Rettich, ein turbulentes Handpuppenstück mit Kaspar, Teufel, Gretel und 17 Bockwürsten«. Das klingt doch mal schräg und vielversprechend!

Das Sandkorn-Theater ist eines der wenigen professionellen Privattheater des Landes. Die Stadt, das Land Baden-Württemberg und der Förderverein unterstützen aber natürlich die Arbeit der Theater. Das Sandkorn bietet Schauspiel zu ganz unterschiedlichen Themen, vom modernen bis zum klassischen Stück. Neben dem festen Ensemble gastieren auch immer wieder andere bekannte Künstler oder Kabarettisten im Haus. In den zwei unterschiedlich großen Räumen wird in jedem Fall Theatervergnügen hautnah geboten. Stücke für Kinder und Jugendliche oder Schulklassen sind ebenso im Programm wie das »Tiyatro Diyalog« mit interkulturellen Themen. Im Jugendclub-Projekt können Jugendliche ab 14 Jahren auch selbst erste Bühnenerfahrungen sammeln. Nicht zuletzt gibt es noch »D!E SP!NNER«, ein Theaterprojekt im Zusammenspiel mit der Lebenshilfe. Hierbei spielen drei professionelle Darsteller mit derzeit sieben geistig behinderten Schauspielern zusammen.

Das Jakobus-Theater ist ein engagiertes Amateurtheater, das bereits seit 1972 existiert und meist drei Neuproduktionen pro Jahr im Programm hat. – Ein Haus voller Theater also, Schauspiel auf ganzer Linie!

Adresse Kaiserallee 11, 76133 Karlsruhe-Weststadt, www.sandkorn-theater.de, www.marotte-figurentheater.de, www.jakobus-theater.de | **ÖPNV** Straßenbahn 1, 2, 6, S 1, S 2, S 5, S 11, S 51, Haltestelle Mühlburger Tor | **Öffnungszeiten** je nach Spielplan | **Tipp** Gleich schräg gegenüber ist das Café Bleu mit Bierbänken im Freien an den warmen Tagen, und südlich der Grünanlage, Sophienstraße 95, befindet sich der Löwenbräukeller mit internationaler Küche und gemütlichem Biergarten (www.lbk-ka.de).

97 Der Turmberg

Per Standseilbahn auf den Durlacher Hausberg

Karlsruhe gedanklich auf »die Fächerstadt in der Rheinebene« zu reduzieren wird der Stadt nicht gerecht. Ein Ort, der die Vielfalt und unterschiedliche Lage der Stadtgebiete durch einen spektakulären Ausblick preisgibt, ist der Turmberg mit seiner Aussichtsplattform. Wer ganz hoch hinausmöchte, der muss noch die 126 Stufen zählende Stiege hinauf zum Bergfried-Ausblick erklimmen, dem Turm der einstigen Burg.

An klaren Tagen, vor allem nach Regenwetter, wenn der Dunst sich aus der Rheinebene verzogen hat, liegen Pfälzer Berge, Vogesen, Odenwald, Kraichgau und der nördliche Schwarzwald beeindruckend vor dem Betrachter ausgebreitet. Mit Glück erkennt man manchmal das Straßburger Münster in weiter Ferne.

Die Höhenlagen der Stadt lassen sich bereits seit 1888 sehr bequem mit der ältesten in Betrieb befindlichen Standseilbahn Deutschlands, der Turmbergbahn, erkunden. Ursprünglich wurde diese Bergbahn mit Wasserballast betrieben. Dazu wurde jeweils einer der beiden Waggons an der Bergstation mit Wasser als Gegenlast zur Personenlast im Talwaggon befüllt, um es dann an der Talstation wieder abzulassen. In den 1960er Jahren wurde die Bergbahn dann komplett saniert und wird seither elektrisch betrieben. Von April bis Oktober kann man sich vom Waggonführer in drei gemütlichen Minuten auf den 256 Meter hohen Durlacher Hausberg befördern lassen. Man könnte aber auch alles zu Fuß gehen über das 528 Stufen zählende Hexenstäffele.

Hinter dem Turm liegt die Sportschule Schöneck in exponierter Lage. In dieses Sport-Trainingszentrum hat sogar schon einmal die deutsche Fußball-Nationalmannschaft Einzug gehalten – 1954, um sich auf das »Wunder von Bern« vorzubereiten. Ein kulinarisches Erlebnis hält der Turmberg auch bereit, denn der 2009 mit 24 Jahren damals jüngste Sternekoch des Landes Sören Anders bittet hier oben im »Anders auf dem Turmberg« zu Tisch.

Adresse Bergbahnstraße, 76227 Karlsruhe-Durlach | **ÖPNV** Straßenbahn 1, 8, Haltestelle Turmberg | **Öffnungszeiten** Bahn: täglich 10–18 Uhr (Winter), 10–20 Uhr (Sommer), alle 15 Minuten, bei Bedarf auch öfter, www.kvv.de | **Tipp** Für Romantiker ist hier die perfekte Sonnenuntergangsstimmung zu erwarten, es lohnt sich. Die Aussichtsplattform wird neu gestaltet, man darf gespannt sein. Kreative Menüs und Desserts gibt es im Restaurant von Sören Anders, weitere Infos unter www.anders-turmberg.de.

98 Die Ungeheuerklamm

Eine Klamm zum lockeren Erklimmen

Bei der Bezeichnung Klamm denkt man an majestätische, tief eingeschnittene Schluchten wie die Partnachklamm bei Garmisch oder die Breitachklamm bei Oberstdorf mit steilen, fast senkrechten Felswänden und reißenden Bächen. So viel zu den touristischen Renommier-Schluchten der Republik. Sooo beeindruckend ist die hiesige Klamm im Vergleich wiederum nicht, und Ungeheuer sind hier auch nicht zu erwarten. Dafür aber, wie alte Flurnamen schon belegen, zumindest eine »ungeheure Klamm«. In dieser Gegend auf jeden Fall ungewöhnlich und durch den sehr großen Artenreichtum als Naturschutzgebiet gewürdigt.

Wie in jeder Klamm hat das Wasser eine tiefe und enge Erosionsschlucht geformt. Die Ungeheuerklamm gehört zum Kraichgauer Hügelland am Rande der oberrheinischen Tiefebene. Das Wasser hat sich seinen Weg bis zu 15 Meter tief durch Löss- und Lehmschichten sowie durch den hier relativ harten Muschelkalk gebahnt. Durch zunehmende Trockenheit ist der Quellwasserlauf leider immer öfter ohne konstante Wasserführung, die feuchtkühle Talklinge ist dennoch erfrischend im Sommer. Die Klamm konnte sich bilden, da die seitlichen Hänge zum einen stark bewaldet sind und deshalb weniger Löss ins Tal erodierte. Zum anderen findet man entgegen der sonstigen sanften Geländemodellierung des Kraichgaus hier eine relativ große Steigung vor, die das Wasser am Untergrund arbeiten ließ.

Die Ungeheuerklamm bietet eine Vielzahl von Lebensraumtypen, die ihr eine Alleinstellung in der Region verleihen. Hunderte verschiedene Arten von Pflanzen und Moosen findet man hier, unzählige Vögel und massenhaft Insekten. Beispielsweise 250 verschiedene Schmetterlingsarten können sich doch sehen lassen! Man trifft auf dem Wanderweg entlang der Klamm auf eine einzigartige Waldgesellschaft ohne touristischen Schnickschnack bis auf eine Brücke über die Klamm. Der Wald, die Stille, die Luft … ungeheuerlich gut.

Adresse B 3 auf Höhe des Baggersees Weingarten, am Grenzgraben, 76646 Bruchsal-Untergrombach | **ÖPNV** Straßenbahn S 3, S 31, S 32, Haltestelle Untergrombach | **Tipp** Eine ausgedehnte Wanderung führt über die Klamm, dann in der Höhe weiter und zum Backhaus Sallenbusch. Ein Restaurant mit legendären Flammbroten, deftigen Speisen und schönem Biergarten (www.backhaus-sallenbusch.de).

99 Das Verkehrsmuseum

Altes Blech für junges Publikum

Das Verkehrsmuseum kümmert sich nicht so sehr um ein perfektes Branding oder um eine publikumswirksame Präsentation nach außen. Man muss schon aufpassen, dass man nicht einfach dran vorbeiläuft. Aus dem Augenwinkel nimmt man vor allem den Schriftzug »Mütterzentrum« wahr plus gemalte Kinderfiguren in einem großen Retro-Schaufenster. Diese rund ums Eck gezogenen Fronten aus den 1960ern haben einfach Stil und sind leider selten geworden. In den Auslagen waren früher ausschließlich Elektrogeräte zu finden, die in der dahinterliegenden Fabrik produziert wurden. Diese architektonisch interessanten ehemaligen Produktionshallen werden heute vom ehrenamtlich betriebenen Verkehrsmuseum genutzt. Die Trägerschaft hat die Deutsche Verkehrswacht übernommen. In der Stadt der so wegweisenden Erfinder Karl Freiherr Drais von Sauerbronn und Karl Benz darf ein solches Museum auch nicht fehlen.

Drais erfand 1817 das »von Menschenkraft ohne Pedalen angetriebene einspurige Zweirad«, die Draisine. Karl Benz konstruierte das erste Automobil der Welt. Bedauerlicherweise ist das Museum durch den rein ehrenamtlichen Betrieb nur sonntags geöffnet. Ist das der Stadt denn nicht mehr wert? Verwunderlich, da sich Karlsruhe gerade mit diesen beiden Namen immer wieder nach außen hin schmückt. Hier wäre, frech formuliert, vielleicht irgendwann mal »mehr Pinke, mehr Pepp« vonnöten. Es ist trotzdem ein lohnenswertes Museum mit vielen Autos, Motorrädern und anderen Exponaten zum Verkehr auf Straße und Schienen, verteilt auf vier Fabriketagen. Sehr sehenswert ist auch die Modelleisenbahn-Landschaft auf etwa 80 Quadratmeter Anlagenfläche. Das bringt besonders Vater- und Sohn-Augen zum Leuchten. Mehr als 25 Züge sind auf sechs Strecken im Einsatz. Auch Unikate der ersten badischen Bahn im Maßstab 1:10 sind zu sehen.

Also, nix wie ran an die Raritäten! Ein schönes Sonntagsziel mit Kind und Kegel.

Adresse Werderstraße 63, 76137 Karlsruhe-Südstadt | **ÖPNV** Straßenbahn 2, S 1, S 4, S 11, S 41, S 51, Haltestelle Werderstraße | **Öffnungszeiten** So 10–13 Uhr | **Tipp** Auf den Infoseiten von www.karlsruhe.de findet man auf der Museumseite einen Kurzfilm zum Verkehrsmuseum und erhält einen kleinen Einblick. Der Mittagstisch kann auf dem Werderplatz eingenommen werden, im Wolfsbräu-Restaurant, oder man macht anschließend noch einen Ausflug in den nahen Zoo.

100 Das Vierordtbad

Nacktbaden unter der Kuppel des Badehauses

Ein öffentliches Schwimmbad, in dem nackt gebadet wird … Wo gibt's denn so was? Tja, das Baden hat in der Therme Vierordtbad eine lange Tradition, genau gesagt seit 1873. Das erste öffentliche Bad von Karlsruhe wurde stark frequentiert, da viele Haushalte keine privaten Bäder hatten. So genoss man hier das Schaumbad in Einzelkabinen. Nacktbaden im großen Stil wie heute im wunderbaren Kuppel-Badehaus ist erst seit der Generalsanierung von 2004 möglich. Seither wird Wellness auf hohem und modernem Niveau geboten. Saunen im Innen- und Außenbereich, Dampfbad, Heißluftraum, Erlebnisduschen und Massageangebote führen zu totaler Entspannung.

Der Bau bietet zusätzlich das nötige historische Wohlfühl-Ambiente. Das klassizistische Bad, ermöglicht durch die Stiftung des Bankiers Heinrich Vierordt und geplant von Josef Durm, besticht durch viele Details. Schon von Weitem überragt ein orientalisch anmutender Turm sämtliche Bauten drumrum. Man könnte meinen, von dort oben rufe täglich der Muezzin, aber es handelt sich dabei um den unter Denkmalschutz stehenden Kamin des ehemaligen Heizwerks Mitte, das durch die Fernwärme irgendwann ausgedient hatte und abgerissen wurde.

Vor dem Nordeingang der Therme plätschert der sehr schöne Hygieia-Brunnen mit seinen Badenixen auf dem Wasserbecken. Eine Nixe unternahm leider einen unfreiwilligen, durch Vandalismus begründeten Ausflug in den Pfälzer Wald. Sie wurde gefunden und auf einen Stein in Bellheim montiert. Eine aufmerksame Bürgerin Bellheims erkannte die fehlende Nixe und leitete durch ihren Hinweis die Rückführung der Figur an den Brunnenrand in Karlsruhe ein. Die Rotunde hinter dem Nordeingang wird durch ein imposantes, mit Malerei verziertes Portal betreten. Hier verschmelzen kulturelle Veranstaltungen mit dem Badebetrieb. Wer Entspannung und wohltuendes Nass sucht, ist hier an der richtigen Adresse.

Adresse Ettlinger Straße 4, 76137 Karlsruhe-Südweststadt, www.ka-baeder.de | **ÖPNV**
Bus 10, Straßenbahn 5, 6, jeweils Haltestelle Kongresszentrum | **Öffnungszeiten**
Mo 14–23 Uhr, Di–Fr 10–23 Uhr, Sa 10–22 Uhr, So 10–20 Uhr, textilfreies Baden
täglich ab 14 Uhr, an Wochenenden ganztags | **Tipp** Am besten ein Handtuch mehr
einpacken, da die Umkleiden kaum freie Ablageflächen oder Sitzmöglichkeiten bieten,
man kann sich dann wenigstens auf ein Handtuch stellen. Wer nach der Entspannung
noch etwas indische Exotik mag: Thali, Ettlinger Straße 29 (www.das-thali.de).

101 Die Villa Rustica

Die Römer waren aber auch überall …

Als Baggerfahrer muss man nicht nur die Baggerschaufel geschickt führen, man muss zudem wohl auch immer ein allgemein wachsames Auge haben. Das, was der Baggerfahrer beim Graben so bewegt, könnte auch mal eine Blindgänger-Bombe aus dem Zweiten Weltkrieg oder etwas von höchstem archäologischen Interesse sein. Während der Aushubarbeiten für die Gewerbeschule in Durlach 1991 kamen immer mehr Funde aus vergangenen Tagen ans Licht. Man hätte behutsamer vorgehen müssen, denn in dieser Gegend wurde man schon mehrfach fündig. Die historische Relevanz des Aushubs wurde leider erst nach und nach klar. Vieles war schon als Bauschutt für immer verloren, bis der Baustopp verhängt und die Archäologen zurate gezogen wurden.

Es gab trotz allem noch vieles zu entdecken, und schnell wurde klar, dass es sich bei der Ausgrabung um einen römischen Gutshof von 115/120 n. Chr. handelte. Insgesamt wurde dann von 1991 bis 93 in archäologischer Kleinstarbeit weiter ausgegraben, gesichtet und datiert. Der Bau der Gewerbeschule konnte so lang nicht aufgeschoben werden. Man verlegte den Standort kurzerhand um etwa 50 Meter. Eine Vielzahl von Keramikfunden ermöglichte es den Wissenschaftlern, die Villa Rustica zeitlich einzuordnen und Vergleiche mit anderen ehemaligen römischen Gutshöfen anzustellen.

Man geht davon aus, dass der Hof etwa 260 n. Chr. aufgegeben wurde, zeitgleich mit dem Ende der hiesigen römischen Herrschaft. Der Hof hatte eine 33 Meter lange, repräsentative Frontseite mit zwei pavillonartigen Eckvorbauten. Es existiert noch der restaurierte Steinkeller, und Archäologen konnten einen Garten-Innenhof erkennen. Belegt ist auch eine Fußbodenheizung der fortschrittlichen Römer. Für Besucher installierte man Erklärungstafeln. Schade nur, dass man sie ohne archäologisches Fachwissen nicht so richtig versteht. Das gemeine neuzeitliche Publikum braucht es nun mal etwas allgemein verständlicher.

Adresse Grötzinger Straße 83, 76227 Karlsruhe-Durlach | **ÖPNV** Bus 21, 22, 31, Haltestelle Durlach Friedhof | **Öffnungszeiten** frei zugänglich | **Tipp** Man sollte sich vor oder nach der Besichtigung bildhafte Informationen zu römischen Gutshöfen anschauen und Texte dazu lesen. Vor Ort fehlt eine grafische dreidimensionale Rekonstruktion zur Anschauung. Das Turmbergbad liegt nebenan, und der Weg entlang des Bachs ins Pinztal ist sehr schön zu radeln.

102 Der Vogelbräu

Gleich dreimal naturtrübe Bierfreuden

Es ist letztlich egal, für welches der drei Vogelbräu-Häuser man sich entscheidet, gut besucht sind sie meist alle. Es heißt ja schon im Sprichwort: »Aller guten Dinge sind drei ...« Das Gründungs-Konzept des Bierbrauers und Betreibers Rudi Vogel von 1988 ging mehr als auf.

Der gebürtige Busenbacher machte sich nach dem Studium der Braukunst auf in die badische und bayerische Welt der Biere. Viele kleine, regionale Brauereien konnten sich zur damaligen Zeit am Markt nicht mehr behaupten, wurden aufgekauft oder gingen pleite. Seine Berufsperspektiven sahen nicht rosig aus. Rudi Vogel folgte dann aus der Not heraus seinem eigenen Bierpfad und den naturtrüben Spuren seiner Idee. Er gründete die erste Hausbrauerei in Karlsruhe mit unfiltriertem Bier. Später folgten die Hausbrauereien in Ettlingen und Durlach.

Man trifft sich hier wegen des viel gelobten Bieres und weil das Personal auffällig gut gelaunt und wieselflink ist. Die Vogel-Häuser sind irgendwie »ehrliche« Bierlokale geblieben und kommen ohne Schickimicki, hippe Alpenländer-Imitation oder sonstige Eventgastronomie aus. Das bindet treue Kundschaft auf lange Sicht, durch alle Altersgruppen und soziale Strukturen hindurch. Biertechnisch geht man kalendarisch mit der Zeit, es wird immer ein saisonales Bier gebraut. Zusätzlich werden Biere aus anderen Regionen angeboten, wie Alt- oder Schwarzbier. Durch die relative Nähe der drei Vogelbräu-Häuser zueinander entstand die Idee, sich ein Freibier sportlich per Rad oder auf Inlinern zu erarbeiten. Es gibt dazu extra vier Tour-Vorschläge in und um Karlsruhe. Man erhält aber nur gegen Vorlage der abgestempelten Tour-Stopps in allen Hausbrauereien am Ende das ersehnte einmalige freie Bier! Schräge Ideen von einem, der sich zur Eigenwerbung auch schon als »schräger Vogel« ablichten ließ ... Karlsruhe könnte durchaus noch mehr schräge Vögel brauchen.

Adresse Kapellenstraße 50, 76131 Karlsruhe-Innenstadt-Ost, Amalienbadstraße 16, 76227 Karlsruhe-Durlach, Rheinstraße 4, 76275 Ettlingen, www.vogelbraeu.de | **ÖPNV** Innenstadt: Straßenbahn 1, 2, 4, S 2, S 4, S 5, S 41, 5E, Haltestelle Durlacher Tor / Campus Süd, Durlach: Straßenbahn 2, 8, Haltestelle Gritznerstraße, Ettlingen: Straßenbahn S 1, S 11, Haltestelle Ettlingen Erbprinz / Schloss | **Öffnungszeiten** So – Do 10 – 24 Uhr, Fr und Sa 10 – 1 Uhr | **Tipp** Bier, Weißwürste mit Brezel oder Brot und dazu »Obatzda« gehen immer. Wer dazu noch etwas Kultur mag, der kann in Ettlingen den historischen Rundgang mit dem zugehörigen Flyer ausprobieren (Download www.ettlingen.de).

103 Das Waldklassenzimmer

Pädagogik zwischen Bäumen

Dies ist ein Open-Air-Klassenzimmer, und die Lehrer können hier zumindest schon mal nicht an die Decke gehen. Es liegt nordwestlich von Schlosspark und Wildparkstadion, gar nicht weit entfernt von der Stadtmitte. Man sieht das Waldklassenzimmer aber fast vor lauter Bäumen nicht …

Der Hardtwald ist ein sehr großes, zusammenhängendes Waldgebiet und ehemaliges Jagdrevier des Markgrafen Karl Wilhelm, das sich vom nördlichen Ende des Schlossparks bis nach Liedolsheim erstreckt. Bildung findet im Waldklassenzimmer spielerisch zwischen Bäumen und an frischer Luft statt. Ein Angebot, das gerne von Schulklassen, Kindergeburtstagsgruppen oder interessierten Familien genutzt wird. Hier wird Pädagogik zum Anfassen und zum Selbst-Erleben geboten. Forstmitarbeiter und Waldpädagogen gestalten erlebnisreiche Programme, Events oder Waldrallys und wollen durch nachhaltige Erlebnisse das Verständnis für den Wald und seine zahlreichen Bewohner fördern. Es ist aber auch wirklich ein tolles Außengelände. Eigentlich schade, dass es nicht frei zugänglich ist, aber Vandalismus würde die vielseitige Anlage sonst wohl ruinieren. Man hat da bei unbeaufsichtigten Veranstaltungen am Wochenende schon so seine Erfahrungen gemacht.

Es gibt einen Aktionsbereich mit Riesenbaumhaus, Labyrinth, bodennahem Kletterparcours und zwei Grillstellen für den Ausklang eines spannenden Waldtages. Außerdem noch einen Bereich für die Sinne und einen Biotopbereich mit Teich, Trockenmauer, Wildbienenwand und Nistkästen. In der zugehörigen Hütte gibt es Exponate, Werkplätze und ein trockenes Plätzchen bei jedem Wetter. Ein Rätselwald bietet an 15 Stationen die Gelegenheit, Waldbewohner durch Fragespiele und Aktionen besser zu erforschen. Es lohnt sich, die Veranstaltungstermine im Auge zu behalten und diese »Waldschulbank« zu drücken. Das Fazit für manch ein Stadtkind heißt: »Mein Freund der Baum.«

Adresse Kanalweg, 76149 Karlsruhe-Nordstadt, www.waldpaedagogik-karlsruhe.de |
ÖPNV Bus 73, Haltestelle Schützenhaus | **Öffnungszeiten** bei Veranstaltungen oder
nach vorheriger Terminvereinbarung, Tel. 0721/1337354 | **Tipp** Nach viel Waldluft kommt
der Hunger, der gleich im Wald, im Restaurant Holzhacker im neuen Schützenhaus,
Adenauerring 32, zünftig und deftig gestillt werden kann (www.holzhacker-karlsruhe.de).

104 Der Waldspielplatz

Hauptsache Klettern, mit und ohne Seil

Man kann die Lage dieses Ausflugziels an Wochenenden schon lang akustisch ausmachen, bevor man auch nur irgendetwas sehen kann. Erst mal muss man auf den Berg rauf und dann durch den Wald … Viele Familien kommen mit dem Rad oder mit der Durlacher Bergbahn auf die Höhe und ziehen dann zu Fuß weiter. Gerüstet ist man mit Rucksäcken oder Bollerwagen, reichlich gefüllt mit Picknickartikeln, Durstlöschern und Süßigkeiten für zwischendurch. Davon natürlich nicht zu viel, denn abends wird daheim ja noch gegrillt. Der Spielplatz liegt auf einer kleinen Lichtung, vereinzelte große Bäume spenden den rumtobenden Kindern jedoch ausreichend Schatten im Sommer.

Der Spielplatz ist – groooß! Die Holzkonstruktionen der Spielgeräte harmonieren mit der Umgebung, und es gibt von allem genug: mehrere Rutschen, Klettergeräte, Sand sowie mehrere Schaukeln in einem Kreis. Besorgte Eltern haben immer etwas Angst, dass die schaukelnden Kinder in der Mitte zusammenstoßen oder vom Sitz krachen. Netzempfang scheint es auch zu geben, denn während sich die junge Horde lachend und kreischend amüsiert, verbringen Mami und Papi in der Picknick-Zone oft viel Zeit mit »Online-Checkerei«.

Wer schon größere Kinder oder pubertierende Action-Kids mitbringt, der zieht gerne ein kleines Stück weiter in den Wald hinein zum Waldseilpark Karlsruhe. Hier warten insgesamt 11 Seil-Parcours, zwei Einweisungsparcours und sogar ein Kleinkind-Parcours auf sportliche Familien, die die Höhe nicht scheuen und ein bisschen gesicherten Nervenkitzel lieben. Der Waldseilpark ist während der Saison nur bei Gewitter und bei Sturm geschlossen, macht aber auch eine Winterpause. Es gibt hier oben viele Spaziergänger, die das bunte Treiben der kleinen und großen »Äffchen« an Spielgeräten und zwischen den geschickt verbundenen Bäumen mit amüsiertem Grinsen im Gesicht bevorzugt mit Bodenhaftung beobachten.

Adresse Jean-Ritzert-Straße, 76227 Karlsruhe-Durlach, www.waldseilpark-karlsruhe.de | **ÖPNV** Turmbergbahn | **Öffnungszeiten** Spielplatz: immer frei zugänglich, Waldseilgarten: wechselnd, bitte Homepage entnehmen | **Tipp** Gleich neben dem Spielplatz liegt das Restaurant Schützenhaus, das im Innenbereich gerade ein modernes Design erhalten hat und regionale gutbürgerliche Küche bietet (www.schuetzenhaus-turmberg.de).

105 Der Wattkopf

»MTB-Arena« zwischen Karlsruhe und Ettlingen

An der B 3 zwischen Wolfartsweier und Ettlingen rotten sie sich zusammen. Mountainbiker in ihren grellbunten Trikot-Outfits, mit extrem coolen Brillen, schnittigen Helmen und manchmal mit Protektoren für den ambitionierten Downhill. Am Fuße des Wattkopfs liegt der Vereinstreff des MTB-Clubs von Karlsruhe, gleich neben dem »Radhaus«. Im Sommer ein nettes Flammkuchen-Lokal mit Gartenwirtschaft. Der Wattkopf bietet die nötigen sportlichen Anstiege und knackigen Downhills, um die Biker zur Feierabendtour zu reizen. Über die Hedwigsquelle wird der nördlichste Nordschwarzwaldausläufer von manchen relativ direkt genommen.

Auch Wanderer finden tolle Runden am Wattkopf, beispielsweise oberhalb von Ettlingen. Vom Watthaldenpark aus, in dem sich ein großer Spielplatz befindet, kann man einen tollen Panoramaweg mit Blicken über die Dächer Ettlingens bis zum Bismarckturm wandern. Jeden dritten Sonntag des Monats lässt sich dieser sogar besteigen. Der 338 Meter hohe Wattkopf ist auf seiner Südwestflanke stark bewaldet. Man kann bei längeren Touren aber auch die sanften Streuobsthöhen der Bergdörfer erreichen und trotz der Stadtnähe sehr lange wandern, ohne auf Straßen zu treffen. Lediglich die ein oder andere Schutzhütte liegt auf dem Weg. Das Schlupfloch für die Zivilisation mit ihrem Autoverkehr befindet sich tief im Berg verborgen. Der Wattkopftunnel führt den Autofahrer unterirdisch weiter zu Zielen im Albtal.

Wanderer und Radfahrer sind sich nicht immer grün im Grünen, so auch am Wattkopf. Vielleicht kann man sich im Wald ja doch durch etwas gegenseitige Rücksichtnahme annähern. »Rasend schneller Waldschreck« in friedlicher Koexistenz mit »wanderndem Waldschrat«, das wäre doch einen Versuch wert. Das macht auch den Förster wieder glücklicher, der die jungen Wilden auf manchmal zu schmalen Pfaden nicht so gern sieht. Eins wollen alle: ein schönes Walderlebnis.

Adresse Wattkopf, 76275 Ettlingen, das Vereinsgelände des Mountainbike-Clubs Karlsruhe ist in der Battstraße 85, 76199 Karlsruhe-Rüppurr, www.mtb-karlsruhe.de | **Tipp** Jedes Jahr findet am Wattkopf ein MTB-Rennen ins Albtal mit einem großen Starterfeld statt. Es gibt unterschiedliche Routen für Hobbyfahrer und Könner von 20 bis 60 Kilometern Länge mit unterschiedlichen Höhenprofilen. Die Stadt Ettlingen und der Mountainbike-Club Karlsruhe veranstalten die MaiBike, www.maibike.eu.

106 Das Weingartener Moor

Spannender Erkundungspfad auf Holzstegen

Man sollte nicht gerade seine roten Lackschuhe und weiße Hosen tragen, wenn man sich aufmachen will ins Weingartener Moor, denn es ist kein »Spaziergängle«, sondern ein Ausflug in eine versumpfte Niederung. Ein Rundgang durch diese einmalige Naturlandschaft beginnt zwar auf asphaltierten Wegen, geht dann aber schnell in Erdwege über, die aufgeweicht sein können. In den warmen Monaten fühlen sich hier natürlich auch nicht gerade wenige Mücken pudelwohl – wer ins Niedermoor eindringt, sollte an vorherigen Mückenschutz denken oder sich mit Hemd, Bluse und langen Hosen ausstatten.

Das Naturschutzgebiet hat eine beachtliche Größe von 256,5 Hektar und liegt etwas südlich der Gemeinde Weingarten an der B 3 in der Rheinebene. Östlich davon hebt sich das Gelände und geht in die Kraichgauer Hügellandschaft über. Weingartens Wahrzeichen ist der Wartturm (erbaut 1589). Von dort oben hat man einen guten Blick auf den feuchten Bruchwald in der sogenannten Kinzig-Murg-Rinne, ein Überbleibsel eines riesigen nacheiszeitlichen Flusssystems. Die großen Wassermengen in dieser Rinne waren später rückläufig, da sich zum Beispiel die Murg einen direkteren Zufluss zum Rhein schuf. Das ehemalige Flussbett versumpfte dadurch und hinterließ dieses große Niedermoor mit vielen stark gefährdeten Pflanzen- und Tierarten. Das Biotop hat vor allem für Amphibien als Laichplatz einen hohen gesamteuropäischen Stellenwert. Bereits 1940 begann man Teile dieser Landschaft unter Schutz zu stellen, da Torfabbau und landwirtschaftliche Nutzung diesen Naturraum sonst zerstört hätten.

Besonders spannend wird der Einblick in diese artenreiche Welt über den Holzstegweg am Rande einer großen offenen Wasserfläche. Dieser schlängelt sich durch den feuchten Bruchwald und führt zu einer Vogel-Beobachtungshütte. Viele Vogelarten tummeln sich hier, und manchmal kann man sogar einen Eisvogel entdecken.

Adresse an der B 3 etwas südlich von Weingarten, 76356 Weingarten | **ÖPNV** Straßenbahn S 3, S 31, S 32, Haltestelle Weingarten | **Tipp** Weingarten ist ein hübsches altes Städtchen mit mehreren guten Restaurants. Ein Spaziergang auf dem Fußweg am Walzbach entlang ist sehr schön und Kinderwagen- und Rollertauglich. Am Wegesrand liegt ein kleiner Tierpark mit der Gaststätte Oberer Vogelpark mit der Küche eines Südtiroler Châlets, Am Alten Friedhof 20 (Fr – So 10 – 23 Uhr, www.chalet-weingarten.de).

107 __ Das Wildparkstadion

Große Pläne am Karlsruher Fußballhimmel

Klangvolle Namen aus einst sehr erfolgreichen Karlsruher Fußballtagen wirken noch immer nach: Oliver Kahn, Mehmet Scholl, Guido Buchwald, Thomas Häßler, Oliver Kreuzer … damals, in der Ersten Liga … wie war das schön! Das waren die Zeiten hoch bezahlter Fußballer, die schicke Autos fuhren und mit ihren Spielerfrauen in der Waldstraße flanierten. Das waren auch die Tage, als das Wildparkstadion noch Gäste wie den FC Bayern München vor ausverkauftem Haus empfing.

Der bereits 1894 gegründete Verein (seit 1952 unter dem Namen Karlsruher SC) erlebte einige schmerzliche Wechselbäder. In den 1990er Jahren sorgte Winnie Schäfer als Trainer lange Zeit für Erstliga-Konstanz, doch dann knickten die Leistungen der Mannschaft ein. Der KSC rutschte wie im freien Fall runter in die Regionalliga, was auch der 180-Tage-KSC-Trainer Jogi Löw nicht mehr aufhalten konnte. Gleichzeitig purzelten die Vereinseinnahmen drastisch in den Keller, 2002 drohte dem KSC die Insolvenz. Man berappelte sich, Führungspositionen wurden neu besetzt, man stieg 2007 wieder in die Erste Liga auf und fiel erneut weit ab. Das KSC-Team biss sich durch in die Zweite Liga. Um den Verein als Imagefaktor zu halten, entschieden sich Stadt und Verein 2014 für einen Stadion-Neubau. Das Wildparkstadion galt 1954 als eines der modernsten Sportstadien, aber auch nach Umbauten und neuer Haupttribüne hat es so keine Zukunft mehr. Der Neubau am gleichen Standort ist beschlossen. So behält das Wildschwein-Maskottchen »Willi Wildpark« zumindest sein altes Tor-Jagdrevier, und der KSC kämpft sich mit dieser Stadion-Perspektive vielleicht wieder in den Erstliga-Himmel.

Immerhin wurden im alten Stadion auch schon sechs Länderspiele ausgetragen, eines davon von den deutschen Fußball-Damen. Vielleicht kann man in der neuen Karlsruher Fußballarena dann auch wieder große Sportereignisse sehen. KSC olé, olé …!

Adresse Adenauerring 17, 76131 Karlsruhe-Innenstadt-Ost, www.ksc.de | **ÖPNV** Straßenbahnen des KVV mit Halt an den Haltestellen Durlacher Tor, Kronenplatz oder Marktplatz, Sonderbusse (nur Hinfahrt) ab Mühlburger Tor, Haltestelle in der Grashofstraße, ab zwei Stunden vor Spielbeginn | **Öffnungszeiten** für Publikum nur bei Heimspielen, Ticket-Center im Fanshop: Mo–Fr 9–18 Uhr, Sa 10–14 Uhr, Tageskarten im Ticket-Onlineshop und bei weiteren Vorverkaufsstellen, Hotline Tel. 0721/9643466 | **Tipp** »Das Runde muss ins Eckige« … und eine Stadion-Bratwurst geht immer. Erholungsmöglichkeiten nach dem Spiel gibt es im Schlosspark.

108 Der Windmühlenberg

Müll macht erfinderisch …

Er überragt die Tiefebene des Rheins schon von Weitem sichtbar mit seinen imposanten Windrädern. Der ehemalige Mülldeponie-Berg schlägt mit immerhin 65 Metern zu Buche. Man muss ein bisschen schmunzeln bei diesem kuriosen Faktum: Der Windmühlenberg ist tatsächlich nach dem Kaiserstuhl die zweithöchste Erhebung im Oberrheingraben. Der Berg hat noch einen kleinen Bruder, den Mount Klotz, geformt aus Südtangenten-Erdaushub und alljährlicher Schauplatz für DAS FEST (siehe Seite 122). Der Karlsruher formt sich also seine kleinen Berge selbst und nutzt sie als Mittel zur Landschaftsgestaltung. Nicht schlecht, kommt sogar gut an.

Während der Mount Klotz in sich und in einer Grünanlage ruht, ist der Windmühlenberg im Inneren immer noch leicht aktiv, wie ein kleiner Vulkan, nur eben nicht ausbruchgefährdet. Zwar wird hier kein Abfall mehr antransportiert, aber der Müll arbeitet noch an seiner Zersetzung, und es entweicht immer noch Deponiegas, das in Blockheizkraftwerken verbrannt und in Strom und Wärme umgewandelt wird. Überhaupt ist er ein wahrer Energieberg. An seiner Südflanke ist eine riesige Photovoltaikanlage entstanden, und Windkraftanlagen sorgen gleichfalls für alternativen Ökostrom. Da sich der noch »lebende« Berg durch die Müllzersetzung vielleicht weiterhin etwas absenkt, mussten besondere Fundamente verwendet werden. Nicht dass hier noch »das schiefe Windrad von Karlsruhe« in die Geschichtsbücher eingeht … Es war ein Kampf durch den Bürokratie-Dschungel, bis der Initiator vom »Windmühlenberg – Strom aus Bürgerhand«, der Landwirt und politisch aktive Thomas Müllerschön, endlich grünes Licht und später sogar Ehrungen dafür bekam.

Am Berggipfel steht der Sonnenpavillon. Hier findet neben Veranstaltungen und Feiern jedes Jahr der Tag der erneuerbaren Energie statt, und Schulklassen werden regelmäßig über den in Deutschland einzigartigen Energieberg informiert.

Adresse Mülldeponie West, Wikingerstraße 25, 76189 Karlsruhe-Knielingen, www.energieberg.de | **ÖPNV** Straßenbahn 5, Haltestelle Rheinhafen | **Tipp** Informationen zum Tag der erneuerbaren Energie unter www.tdee.de, Infos für Schüler auf dem Energieberg unter www.stadtwerke-karlsruhe.de. Wenn man die nördliche Uferstraße am Rheinhafen einschlägt und ihr folgt, kann man sehr schön am Rhein entlang bis zum Hofgut Maxau spazieren.

109 Der Zirkelstichpunkt

Des Markgrafens Träumchen …

»Es war einmal ein Markgraf, der bettete nach fürstlicher Jagd sein Haupt sanft an einen Baum im Hardtwald und schlief. Er träumte von einer neuen Residenz …«, so die Legende. Belegt ist: 1715 traf Karl Wilhelm von Baden-Durlach seine Entscheidung zur dortigen Stadtgründung. An jener angeblichen Traumstelle wurde der Schlossturm errichtet, der zugleich Zirkelstichpunkt für die Planung der Fächerstadt wurde. Karlsruhe muss seinen Mittelpunkt also nicht suchen, denn alle großen Straßen, benannt nach der markgräflichen Familie, sowie Alleen, benannt nach Ortsrichtungen, treffen sich in diesem Punkt. Ein städtebaulicher Geniestreich und einzigartig – fast, denn der amerikanische Präsident Thomas Jefferson war bei einem Besuch in Karlsruhe 1788 so angetan vom Stadt-Grundriss, dass dieser wohl Vorbild für die Stadtplanung von Washington D.C. wurde.

Am 17. Juli 1715 legte Markgraf Karl Wilhelm den Grundstein von Karlsruhe. Das Schloss durchlebte viele bauliche Phasen, so war es anfänglich in Teilen aus Holz, später wurde erweitert, saniert und die beiden Seitenflügel angebaut. Die prächtige barocke Innenausstattung ging leider durch den Bombenhagel 1944 verloren, und die Stadt entschied sich, nur die Außenfassade wieder originalgetreu aufzubauen.

Statt fürstlichem Prunk beherbergt das Schloss heute das Landesmuseum in »bürgerlich« gestalteten Räumen. Aus dem Wunsch, das einzigartige Stadtbild wieder mehr ins Bewusstsein zu rücken, entstand die Idee, durch gelbe Majolika-Fliesen die Straßen des »Fächers« optisch zu betonen. Bürger konnten beim 2002 gegründeten Sonnenfächer-Verein Fliesen mit individueller Gestaltung kaufen. Das fand großen Anklang, aber auch bürokratische Hürden, was die »sinnvolle« Gestaltung und Pflege im öffentlichen Raum betraf. Man flieste bereits zwei Straßen, weitere sollen folgen. Karlsruhe soll nach 300 Jahren schließlich neu erstrahlen!

Adresse Karlsruher Schloss, Schlossbezirk 10, 76131 Karlsruhe-Mitte, www.landesmuseum.de | **ÖPNV** Straßenbahn 1, 4, 5, S 1, S 2, S 5, S 11, S 51, Haltestelle Marktplatz | **Öffnungszeiten** Di–Do 10–17 Uhr, Fr–So, Feiertage 10–18 Uhr | **Tipp** Es finden immer wieder beeindruckende Sonderausstellungen im Schloss statt. Wer einfach nur auf dem neu gestalteten Schlossvorplatz verweilen möchte, der bringt im Sommer vielleicht Boule-Kugeln mit und in der Vorweihnachtszeit Schlittschuhe für die »Stadtwerke-Eiszeit«-Bahn.

110__Das Zentrum für Kunst und Medientechnologie

Von der IWKA zum ZKM – nicht nur Buchstabenwechsel

Das ZKM ist ein Schwergewicht unter den Aushängeschildern der Stadt. Daran kommt man nicht vorbei, weder optisch, durch die Länge des schier nicht enden wollenden Industriebauwerks, noch inhaltlich, durch die Museen, die Städtische Galerie und den Hochschulbetrieb im Bereich Gestaltung. Es hat aber auch den Glanz des Einmaligen. Weltweit ist dies die einzige Kultureinrichtung, die Kunst mit der im Dauerwandel befindlichen neuen Informationstechnologie so kreativ zusammenfügt.

Das ehemalige IWKA-Gebäude, früher im Besitz der Familie Quandt, wurde einst als Patronenhülsenfabrik gebaut. Heute wird hier nicht mehr für Rüstung produziert, sondern mit Kunst provoziert. Das Gebäude bietet sehr viel Raum für immer neue Kunstinstallationen, große Ausstellungen am »Puls der Zeit« und für Veranstaltungen, die sich mit den Neuen Medien auseinandersetzen. Bereits vor der umfangreichen Sanierung des Gebäudes hatten sich Künstler vorübergehend in der Industriehalle angesiedelt. Die staubige und »ausgebeinte« Fabrik war bereits im leeren Zustand sehr beeindruckend. Das Gebäude hat eine gewisse Lauflänge und ist lediglich unterbrochen von den wunderbaren galerieartigen Lichthöfen. Durch die Sanierung fand eine Art Verpuppung statt, aus der ein immer wieder überraschender Neue-Medien-Kunst-Schmetterling entsprang.

Die ursprüngliche Idee sah eigentlich einen Neubau nach dem »Elektronisches Bauhaus«-Gedanken des Professors Heinrich Klotz vor, dem damaligen Gründungsdirektor dieser neuen Kulturinstitution. Diese letzten Endes zu kostenintensive Variante bewog die Stadt allerdings dazu, auf den Neubau des Architekturwettbewerb-Gewinners Rem Koolhaas zu verzichten. Schade eigentlich, ein weiterer großer Architekturname hätte Karlsruhe auch ganz gut gestanden.

Adresse Lorenzstraße 19, 76135 Karlsruhe-Südweststadt, www.zkm.de | **ÖPNV**
Straßenbahn 2, Haltestelle ZKM | **Öffnungszeiten** Mi – Fr 10 – 18 Uhr, Sa, So
11 – 18 Uhr | **Tipp** Das Weinlokal Vin fou in der Südweststadt ist eine Weinhandlung
mit mediterraner Küche, wobei es immer nur ein Tagesgericht auf Vorbestellung mit
Suppe oder Salat gibt. Immer mit schönen Künstlerbildern an der Wand, Lenzstraße 2,
76137 Karlsruhe (www.vinfou.de).

111 Zum Bundschuh

Weinstube im Zeichen der aufständischen Bauersleut

Ein historischer Wind weht durch die Friedrichstraße in Grötzingen. Das Gebäude der Weinstube »Zum Bundschuh« strahlt einen geschichtsträchtigen Charme aus, vor allem wenn man einen Blick in den schönen Hof riskiert. Im Sommer lädt dieser als kleiner, lauschiger Außenbereich des Lokals zum Verweilen ein. Das verschnörkelte gusseiserne Lokalschild zeigt einen traditionellen Schnürschuh aus der Zeit der Bauernkriege.

Der Name des Lokals würdigt all jene tapferen Bauern, die sich vor etwa 500 Jahren auflehnten gegen die in gelackten Stiefeln steckenden Adelsherren und Ritter. Der Anführer war Joss Fritz aus Untergrombach, der nach Hungersnöten und Pest viele hundert Bauern um sich scharte und mehrmals zur Verschwörung anstiftete. Einige Bauern mussten dafür mit ihrem Leben bezahlen, Joss Fritz konnte aber immer entkommen.

Wahrscheinlich kam er damals auch an der Weinstube vorbei, denn die heutige B 3 war schon in Römertagen eine wichtige Handels- und Verkehrsachse. Die Bauernkriege wurden damals allesamt niedergeschlagen, und erst die Französische Revolution brachte 1789 bis 1799 bekanntlich »Freiheit, Gleichheit, Brüderlichkeit« in Europa. Das lässt das schöne blaue Haus in einem anderen Licht erscheinen.

Das Gebäude selbst wurde bereits 1463 erbaut, mit massiven dunklen Eichenbalken, die bis in den Dachstuhl reichen. Diese Balken bestimmen auch den absolut gemütlichen Gastraum. Holzvertäfelungen, Eckbank und geschmackvolle Beleuchtung lassen den Gast gern auf die Kissen sinken und für eine ganze Weile nicht mehr aufstehen. Die Menüs sind tagesfrisch, und daher gibt es zusätzlich nur eine angenehm klein gehaltene Vesper-Karte. Wein hat hier natürlich einen besonderen Stellenwert und reicht von regional bis international, vom Schoppenwein bis zu sehr edlen Tropfen. Alles klein, aber sehr fein, daher besser vorher einen Tisch reservieren.

Zum Bundschuh

Grötzinger Weinstube

Adresse Friedrichstraße 14, 76229 Karlsruhe-Grötzingen, www.weinstube-bundschuh.de |
ÖPNV Straßenbahn S 4, S 5, Haltestelle Grötzingen Bahnhof | **Öffnungszeiten** Mi–So ab
17 Uhr, Sonntagsfrühstück auf Vorbestellung ab 9.30 Uhr, So Mittagstisch 12–14 Uhr |
Tipp Es besteht auch die Möglichkeit, in einer hübschen Fachwerk-Mini-Maisonette
(40 Quadratmeter) mit maximal fünf Personen zu übernachten, mit kleiner Küche.

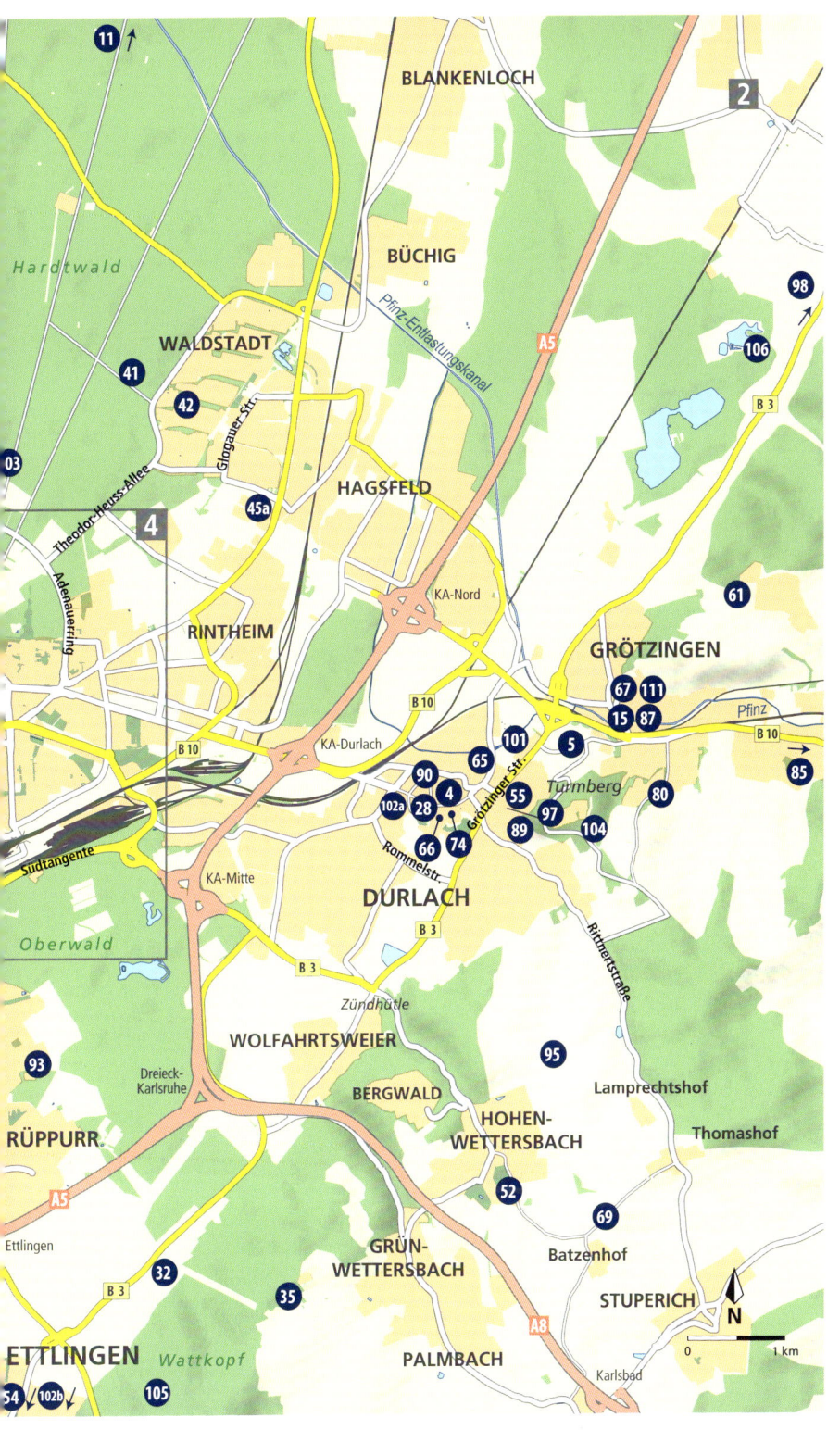

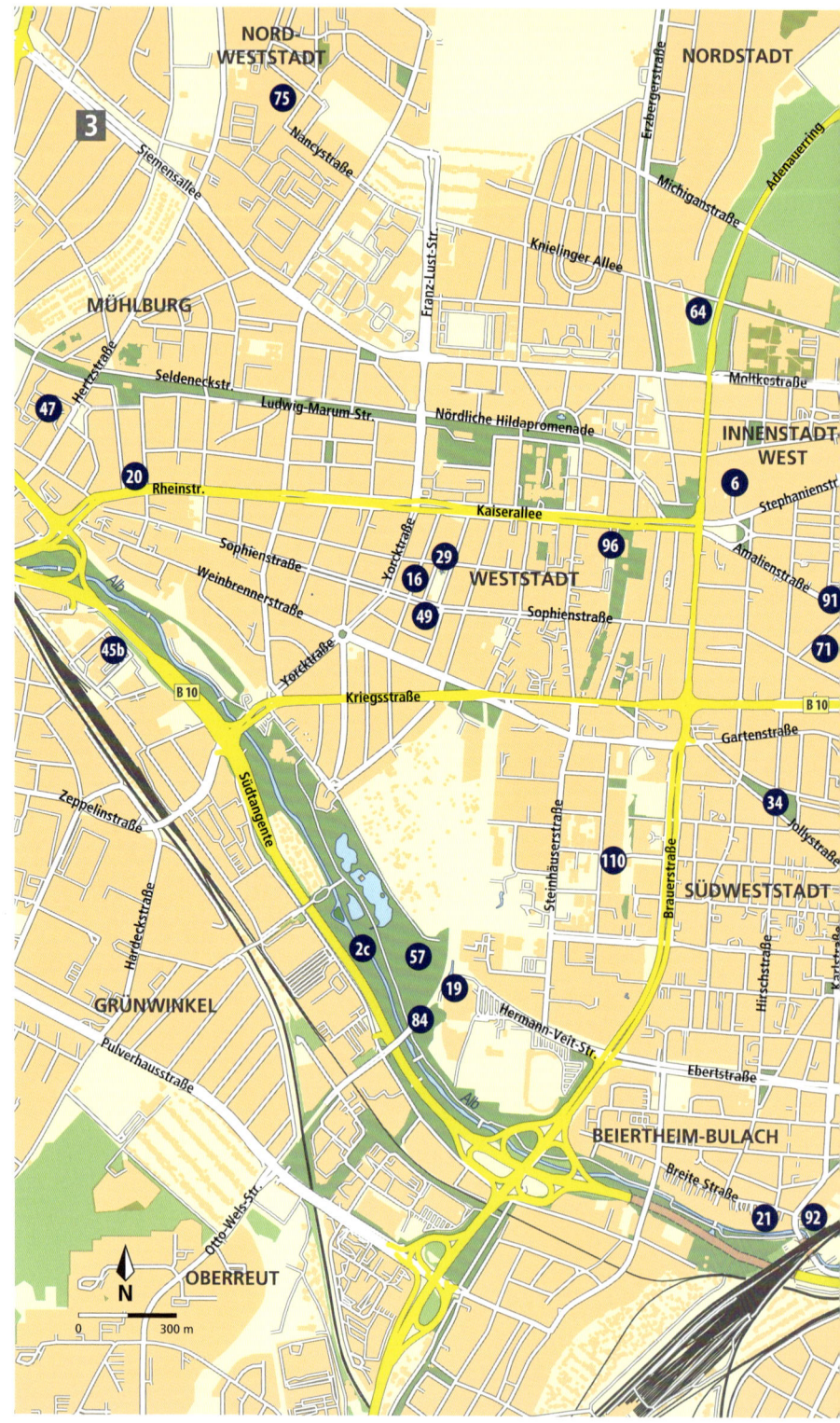

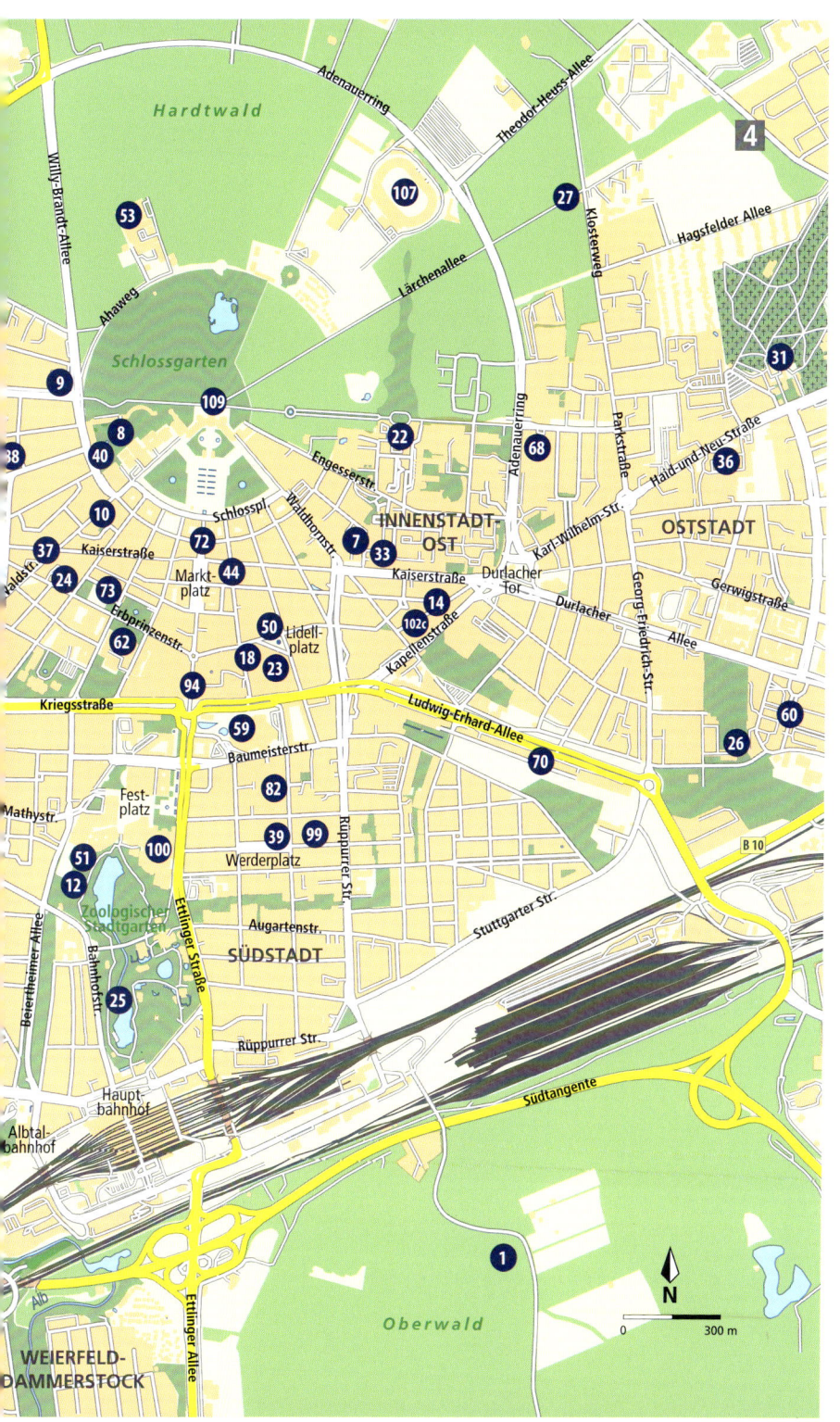

Rüdiger Liedtke
**111 Orte auf Mallorca, die
man gesehen haben muss**
ISBN 978-3-89705-975-7

Susanne Thiel
**111 Orte in Madrid, die
man gesehen haben muss**
ISBN 978-3-95451-118-1

Ralf Nestmeyer
**111 Orte in der Provence, die
man gesehen haben muss**
ISBN 978-3-95451-094-8

Peter Eickhoff
**111 Orte in Wien, die
man gesehen haben muss**
ISBN 978-3-89705-969-6

Stefan Spath
**111 Orte in Salzburg, die
man gesehen haben muss**
ISBN 978-3-95451-114-3

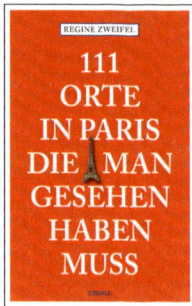

Regine Zweifel
**111 Orte in Paris, die man
gesehen haben muss**
ISBN 978-3-89705-823-1

Dirk Engelhardt
**111 in Barcelona, die man
gesehen haben muss**
ISBN 978-3-95451-066-5

John Sykes
**111 Orte in London, die
man gesehen haben muss**
ISBN 978-3-95451-117-4

Annett Klingner
**111 Orte in Rom, die
man gesehen haben muss**
ISBN 978-3-95451-219-5

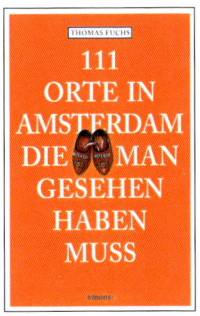

Thomas Fuchs
111 Orte in Amsterdam, die man gesehen haben muss
ISBN 978-3-95451-209-6

Stefan Spath, Gerald Polzer
111 Orte im Salzkammergut, die man gesehen haben muss
ISBN 978-3-95451-231-7

Christiane Bröcker, Babette Schröder
111 Orte in Stockholm, die man gesehen haben muss
ISBN 978-3-95451-203-4

Sabine Gruber, Peter Eickhoff
111 Orte in Südtirol, die man gesehen haben muss
ISBN 978-3-95451-318-5

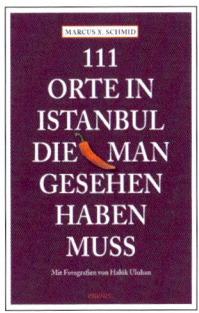

Marcus X. Schmid
111 Orte in Istanbul, die man gesehen haben muss
ISBN 978-3-95451-333-8

Gerd Wolfgang Sievers
111 Orte in Venedig, die man gesehen haben muss
ISBN 978-3-95451-352-9

Rüdiger Liedtke, Laszlo Trankovits
111 Orte in Kapstadt, die man gesehen haben muss
ISBN 978-3-95451-456-4

Eckhard Heck
111 Orte in Maastricht, die man gesehen haben muss
ISBN 978-3-95451-368-0

Petra Sophia Zimmermann
111 Orte am Gardasee und in Verona, die man gesehen haben muss
ISBN 978-3-95451-344-4

Lucia Jay von Seldeneck,
Carolin Huder, Verena Eidel
**111 Orte in Berlin, die
man gesehen haben muss**
ISBN 978-3-89705-853-8

Bernd Imgrund
**111 Kölner Orte, die man
gesehen haben muss**
Band 1
ISBN 978-3-89705-618-3

Lucia Jay von Seldeneck,
Carolin Huder, Verena Eidel
**111 Orte in Berlin,
die Geschichte erzählen**
ISBN 978-3-95451-039-9

Rike Wolf
**111 Orte in Hamburg, die
man gesehen haben muss**
ISBN 978-3-89705-916-0

Gabriele Kalmbach
**111 Orte in Stuttgart, die
man gesehen haben muss**
ISBN 978-3-95451-004-7

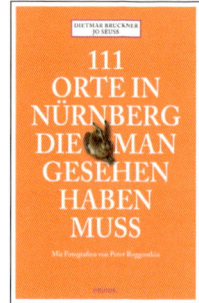

Dietmar Bruckner, Jo Seuß
**111 Orte in Nürnberg, die
man gesehen haben muss**
ISBN 978-3-95451-042-9

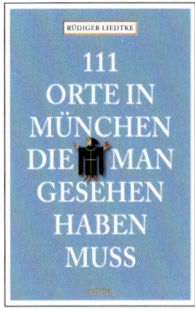

Rüdiger Liedtke
**111 Orte in München, die
man gesehen haben muss**
ISBN 978-3-89705-892-7

Rike Wolf, Tom Wolf
**111 Orte in Frankfurt, die
man gesehen haben muss**
ISBN 978-3-95451-342-0

Peter Eickhoff
**111 Düsseldorfer Orte, die
man gesehen haben muss**
ISBN 978-3-89705-699-2

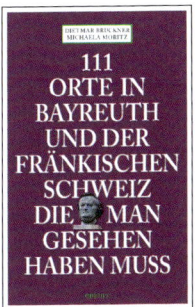

Dietmar Bruckner,
Michaela Moritz
**111 Orte in Bayreuth und der
Fränkischen Schweiz, die man
gesehen haben muss**
ISBN 978-3-95451-130-3

Alexandra und
Jobst Schlennstedt
**111 Orte an der
Ostseeküste, die man
gesehen haben muss**
ISBN 978-3-89705-824-8

Reiner Vogel
**111 Orte in Regensburg, die
man gesehen haben muss**
ISBN 978-3-95451-054-2

Werner Schwanfelder
**111 Orte in Mittelfranken,
die man gesehen haben muss**
ISBN 978-3-95451-336-9

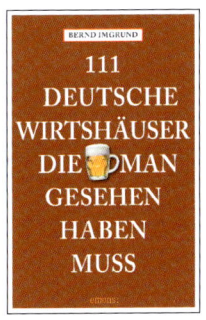

Bernd Imgrund
**111 deutsche Wirtshäuser, die
man gesehen haben muss**
ISBN 978-3-95451-080-1

Cornelia Kuhnert
**111 Orte in Hannover, die
man gesehen haben muss**
ISBN 978-3-95451-086-3

Dietlind Castor
**111 Orte am Bodensee, die
man gesehen haben muss**
ISBN 978-3-95451-063-4

Daniela Bianca Gierok,
Ralf H. Dorweiler
**111 Orte im Schwarzwald, die
man gesehen haben muss**
ISBN 978-3-89705-950-4

Bernd Imgrund
**111 Orte in der Eifel, die
man gesehen haben muss**
ISBN 978-3-95451-003-0

Fotonachweis:

Rainer Bodemer: Kapitel 1, 4, 5, 7, 9, 10, 12, 13, 14, 16, 18, 19, 20, 22, 23, 24, 25, 27, 29, 32, 33, 34, 35, 36, 37, 40, 41, 44, 45, 49, 51, 53, 55, 57, 58, 59, 60, 62, 63, 64, 65, 66, 67, 69, 71, 72, 73, 74, 78, 82, 83, 84, 85, 86, 87, 88, 90, 93, 94, 95, 96, 97, 98, 102, 103, 105, 106, 107, 110, 111

Kirsten Elsner-Schichor: Kapitel 2, 3, 6, 8, 11, 15, 17, 21, 26, 28, 30, 31, 38, 39, 42, 43, 46, 47, 48, 50, 52, 54, 56, 61, 68, 70, 76, 77, 79, 80, 81, 89, 91, 92, 99, 100, 101, 104, 108, 109

Christiane Slawik: Kapitel 75

Dank

Ich möchte mich bei allen bedanken, die mich zu diesem Buch ermuntert und mich tatkräftig unterstützt haben. Auch meinen Kindern sei gedankt für ihre Geduld mit mir, wenn ich mal wieder am Schreibtisch festhing.

Ganz besonders möchte ich die tolle Zusammenarbeit mit dem Fotografen Rainer Bodemer hervorheben. Wir waren ein tolles Team, haben uns perfekt ergänzt und sind gemeinsam viel herumgekommen in Karlsruhe.

Die Autorin

Kirsten Elsner-Schichor, Jahrgang 1967, stammt aus Bremen, studierte Kartografie in Karlsruhe und blieb. Heute wohnt sie mit ihren beiden Kindern in einem Bergdorf-Stadtteil von Karlsruhe. Seit ihrem Studium arbeitet sie frei für Reisebuchverlage und Touristiker, erstellt Landkarten, Illustrationen, Layouts und Texte.

Der Fotograf

Rainer Bodemer, Jahrgang 1956, geboren und wohnhaft in Karlsruhe. Von Beruf Versicherungsfachwirt. Arbeitet seit über 40 Jahren bei einer Kölner Versicherungsgesellschaft in der Großschadenregulierung. Fotografie als Hobby begleitet ihn sein Leben lang. Er verlässt selten das Haus ohne Kamera.